●シリーズ福祉に生きる

65

奥村多喜衛《おくむらたきえ》

中川芙佐／著

おおぞらしゃ
大空社

お読みになる人へ

〝福祉は「人」なり〟という言葉があります。この言葉は、福祉を職業とする者、またボランティアとして活動する者、さらに市民として福祉を担い、同時に主権者として福祉を考えるものにとって、重要なポイントとなります。その「人」、とりわけ多くの先駆者、先輩から、私たちは自らの在り方をしっかりと学ぶ必要がありまう。しかし今まで福祉を築いた人々については、余り知られてきませんでした。とくに地方の人々については、とらえられることがほとんどありませんでした。著名な人でも、その人の人生の中で、なぜ、福祉が実践され、どのような想いで展開されたかについては、深く探究されたことは少なかったのです。それは福祉を学ぶ者、また福祉を願う者、福祉をうちたてる者にとって、さらに国民全体にとって不幸なことでした。

このシリーズは、以上のような状況に対し、新しい地平をきりひらくため、積極的に福祉の先駆者、先輩の伝記を改めて探究し、書きおろしたものです。

是非、多くの人々が手にされ、しっかりと読んでいただけることを、願ってやみません。

一番ヶ瀬　康子

目次

本書の表記について

歴史的表現として「移民」「白人」などを使用した。文脈上、「日本人移民」であることが明白な場合は、「日本人」、「人々」とし、特に「移民」として表現する必要がある場合には「日本人移民」、日本人が特定される場合は「移民」と記した。また、日本生まれの日本人移民を「日本人」、「一世」、「移民」、日本人を親に持つハワイ生まれを「二世」、「日系人」、「日系米国人」などとし、一世と二世の総称には「日本(系)人」と表現した。その範疇に収まらない場合は、適宜適切と思われる表現をしている。

「ハワイ」は、一八九三年までは「ハワイ王国」、一八九三年から一八九四年までは「ハワイ仮政府」、一八九四年から一九〇〇年までは「ハワイ共和国」、一九〇〇年から一九五九年までは「米国属領ハワイ」、一九五九年以降は「米国ハワイ州」であるが、文脈でそれが判断できる場合は「ハワイ」とした。

史料は、歴史的事実を尊重し、原則として原文のまま引用し、現代では不適切と思われる表現には「　」を用いた。また必要に応じて新字体や現代仮名づかいを用い、句読点を補った。

注は［］で示し巻末に一括した。

引用参考文献は分類し、本文および注の文献に分類記号アルファベットを付した。

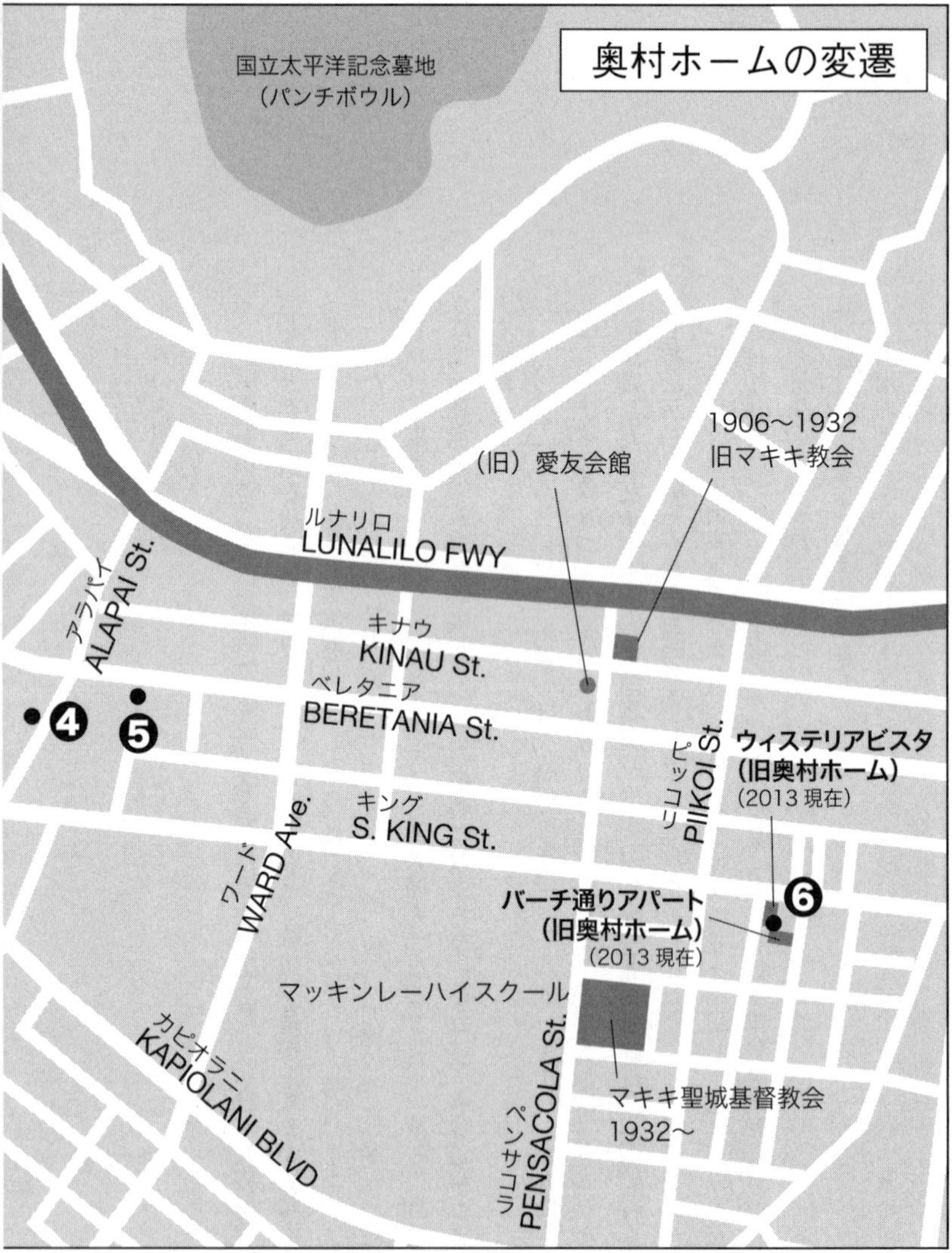

❹ 1906～ 旧エマーソン邸
❺ 1907～ 旧ハイド邸
❻ 2004～ ウィステリアビスタ・バーチ通りアパート
奥村ホーム・奥村邸

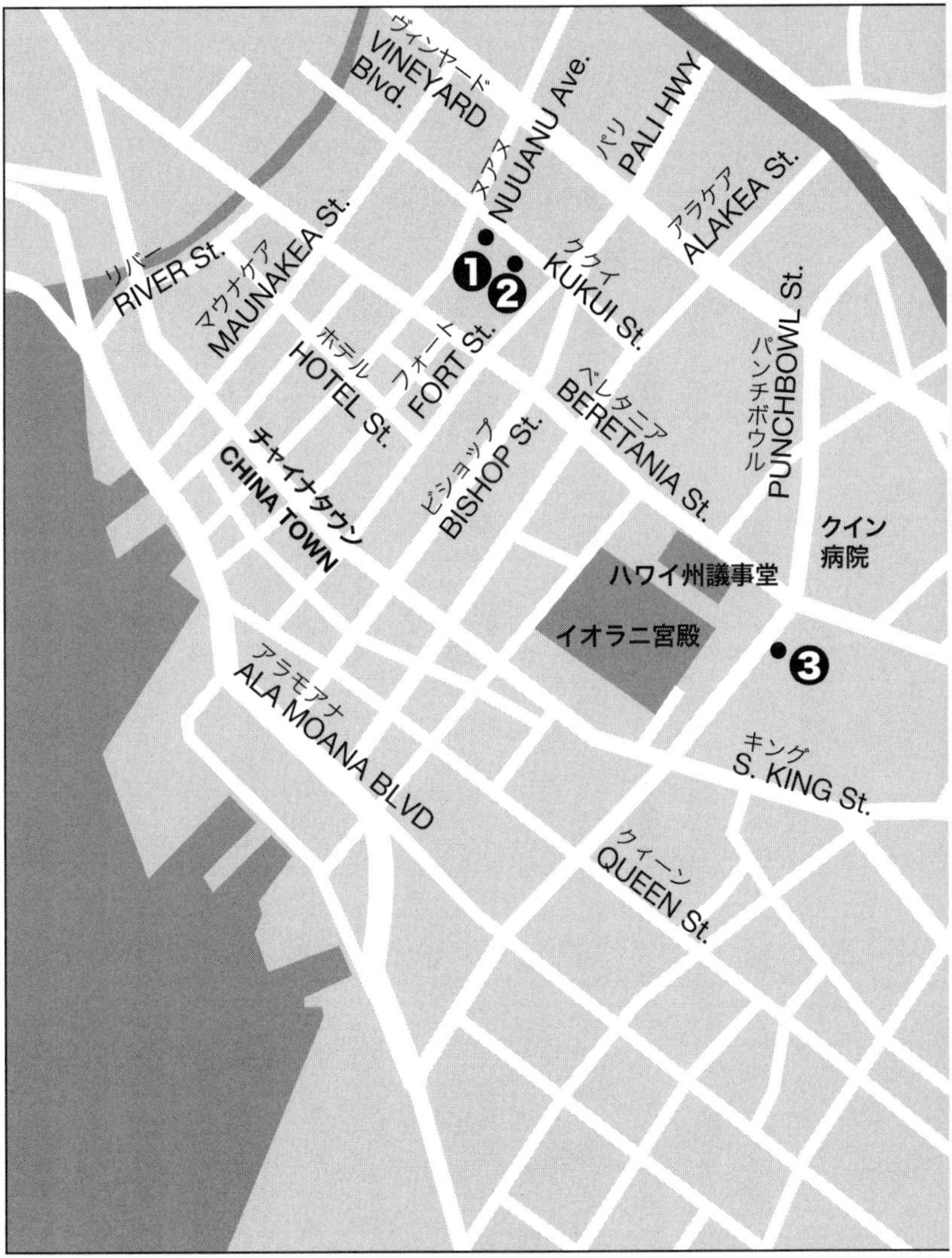

❶ 1896～ ホノルル日本人基督教会（ライシアムホール）
❷ 1899～ ククイ街 ククイレーン 40
❸ 1903～ パンチボウル街 旧神学校跡

奥村　多喜衛

奥村多喜衛

はじめに

ハワイは、多民族、多国籍人が平和的に融合した「太平洋の楽園」である。その融合は一九世紀半ばから始まり、今では、「何系」と断言し難い人が多いという。しかし、それでも日系人は総人口の約一七・五一％を占めており（二〇一一年）、ハワイには世界有数の日系社会が存在している。

ハワイ日系社会の基礎を築いたのは、一八八五（明治一八）年から本格的に出稼ぎ移民として渡り始め、そのまま残留した日本人達だ。一隻の移民船で一、〇〇〇人前後が、一年に数回渡航したため、日本人は一八九六年の人種別人口調査でハワイ人に次いで二位となり、一九〇〇（明治三三）年にはトップに躍り出た。一九二四（大正一三）年に日本人の移民が禁止されたが、多くの次世代を得て、日本（系）人は一九六〇年頃までハワイ総人口の四〇％前後を占め、超巨大な日本（系）人社会を構成した。そこから多くの成功者が誕生し、ハワイ社会全体の指導者となった。

ところがその影で、移民時代には自分達のことを政府に見放され、保障も所属もない「棄民」と表現する日本人も少なくなかった。「棄民」意識を持ち、自力で生活を切り開いていかなければならない日本人移民は、社会的弱者であった。

本書の主人公奥村多喜衛は、土佐自由民権運動を経て、一八九四（明治二七）年にハワイに渡り、一九五一（昭和二六）年にホノルルで亡くなるまで、日本人移民と日系人のために働いた基督教伝道者である。混沌とした一九世紀末の移民社会で、彼が始めた教育・医療・矯風活動は、まさに社会的弱者の救済であった。

奥村はまず日本人社会の基盤作りを行い、二〇世紀には自由と平等、民主主義を掲げ、「排日」という差別に立ち向かうため、日本（系）人の啓発活動を展開した。また米国人と対等に生きる日系人を育成し、第二次世界大戦前後には日米平和のために働いた。近代日本初の大規模な平和的海外進出先であったハワイにおいて、日本（系）人の自立や生活向上に尽くした奥村多喜衛は、今で言う「国際福祉」の先駆者に他ならない。

伝道者としての奥村は、赴任直後から酒、博打、売買春など、男性中心の移民社会特有の誘惑に打ち勝つために、教会生活を通して秩序と希望ある生活をしようと呼びかけた。奥村のもとには、疲れたもの、貧しいもの、自分を見失ったもの、また向学心や夢を持つものなど、多くの日本人が集まった。やがて彼らは日本（系）人社会の中核となり、奥村の支援者となった。

奥村は一九〇四（明治三七）年にマキキ基督教会（通称マキキ教会。一九三二年からはマキキ聖城基督教会）を組織し、一九三二（昭和七）年には新たに高知城を模した教会堂を建立して、ホノルル市民をあっと言わせた。聖書の「神は我が城なり」（詩篇九章九節、同一八章二節他）をもとに、日本の「古城」を建て、母国を離れて暮らす日本人に郷愁の念を呼び起こし、同時にホノルルに美観を添えたいと考えたためであった。

第二次世界大戦中は、敵性外国人である日本(系)人が集う「日本の古城」の存続が危ぶまれた。しかし米国人兵士達が毎週の礼拝を守り、マキキ聖城基督教会と奥村を守った。奥村の信念、人柄、信仰、米国人からの信頼、そして社会貢献の賜物だった。奥村の日本(系)人救済やハワイ社会への貢献は、戦中戦後を通じて続いた。マキキ聖城基督教会は、その後も全米最大の日系教会として、時代に合った役割を果たしてきた。

移民時代にハワイに渡り、日本(系)人社会のリーダーとなった日本人は少なくない。しかし奥村のようにハワイ共和国、ハワイ革命、第一次世界大戦、第二次世界大戦を経験し、さらに日米とハワイの政財界人を巻き込んで活動した人物は他に類を見ない。奥村の信条は「移民社会だからこそ教会外に出て働く」であった。

日本側の最大の支援者であった渋沢栄一は、奥村に次のような言葉を贈っている。

海外に在る邦人のため色々の事業が各地に始められたことがあるが、其殆んど凡てが二、三年のうちに立消えになってしまう。然るに君は十年一日の如く初一念を動かさず同胞のために尽さる。誠に感服の至りである。依って余も生きて居る間は援助を続ける。（A『布哇に於ける日米問題解決運動』一四五頁）

現在の日本では、ハワイ日本人移民史を学ぶ機会は希少だ。リゾート地としてのハワイへ向かう日本人観光客は多いが、日本人移民の苦闘の歴史を知る日本人は非常に少ない。同様にハワイの日系人にも、祖先の苦労を知る人は少なくなってきた。

日本が貧しい時代に、外貨獲得のためハワイに送られ、汗と涙を流した数十万人の日本人移民がいた。そして彼らの救済と生活向上のために、命をかけて働いた奥村多喜衛という人物がいた。この史実を、二世や三世からの聞き取りが可能な間に、書き残し、日米の次世代に伝えたいと考えた筆者は、力不足も顧みず、奥村が残した膨大な史料と格闘した。

結果的には奥村の多岐に亘る活動の再現には程遠く、それを部分的に紹介するに留まった。また、社会的弱者としての「出稼ぎ移民」の生活を充分に伝えることができたわけでもない。そして一方で、多くの二世や三世の友人を天国に見送った。しかし本書が踏み台となり、今後のハワイ日本(系)人移民社会の、そして国際社会福祉や奥村多喜衛の研究が進むことになれば、大変嬉しく思う。

序　日本国の窮乏とハワイ移民

一八三五年、ハワイのカワイ島コロアに欧米系の資本家によって製糖会社が開設され、一八三七年にはハワイ全島二二箇所に製糖所が誕生した（A『太平洋の楽園』二六―二七頁）。ハワイ政府は、国内の労働力不足から一八五二年に中国人移民を導入し、さらに日本人の移民を迎え入れようとした。

一八六七（慶応三）年、徳川幕府との間に「日本ハワイ臨時親善協定」が結ばれ、京浜地方を中心にハワイへの移民が募集された。しかし江戸幕府の瓦解後、明治政府は同協定を無効としたため、一五三人の通称「元年者」は、日本政府の許可を得ずに、一八六八（明治元）年五月一六日に英国船サイオト号で横浜を出港し、六月一九日にハワイに到着した。元年者の多くは農業未経験者で、砂糖黍耕地の過酷な労働に耐えかねた。加えて習慣、言語、気候などの違いから様々な問題が生じ、自殺者まで出た。そのため日本政府は、ハワイ政府と交渉を行い、一八七〇（明治三）年一月に帰国希望者四〇人を日本に帰国させた。以後ハワイ移民は中座したが、日本とハワイは一八七一年八月に修好通商条約を結んだ。

一八八一（明治一四）年、ハワイ王国第七代デヴィッド・カラカウア王が世界周遊の途次日本に寄港し、井上馨外務大臣に砂糖黍産業に従事する日本人移民の要請を行い、明治天皇には山階宮定磨親王とカイウラニ皇女との婚姻を申し入れた。一八八二年、日本政府はハワイに特使を送り、婚姻については謝絶したが、移民事業に関しては要請を受け入れる旨回答し、準備を進めた。

すでにハワイは、中国人に加えて一八七八（明治一一）年からポルトガル人を移民として迎え入れていた。中国人は耕地定住率が低く、契約満期後のハワイ国外への転住者も目立った（A『太平洋の楽園』二二六―二二七頁）。他方、ポルトガル人は家族単位での移住傾向が高く、導入には膨大な費用と六〇日ほどの船旅を要した〔1〕。そのため、導入の負担が軽い日本人を男性中心に受け入れようとしたのである〔2〕。

ハワイへの移民再開には、日本国内の経済事情が深く関係していた。一八七三（明治六）年の地租改正、西南戦争前後の紙幣乱発、近代的国家機構への整備のための巨額な財政支出、戦争後のインフレーションなどが原因で、全国的な不況とそれに伴う貧困化現象が生じた。農村では米価の暴落で地租の滞納が起こり、土地を失う農民が増えた。飢饉にも見舞われた。窮乏化は中農層にも及び、人身売買、堕胎、「間引き」、「捨て子」などが生まれた。都市部でも失業、破産、夜逃げ、殺人、餓死、「乞食」、「密淫売」などが激増した。また秩禄《ちつろく》処分による元武士の没落もあった。

このような全国的窮乏化が、鉄道敷設工事や鉱山労働のための近代労働者の出稼ぎ、北海道やハワイへの農業従事者を中心とした移住や出稼ぎ、そのほかの無職者、住所不定者、棄児など被救済者層の都会流入など、人々の流出入現象をもたらした。

一八八四（明治一七）年八月、ホノルル日本帝国領事館の新設が決定した（『朝野新聞』明治一七年八月二二日。一八八五年末に総領事館に昇格）。日本政府はハワイ国総領事ロバート・ウォーカー・アーウィンと協議のうえ、約定書草案を仕上げ、一八八四年一〇月にハワイ移民の募集を始めた。ハワイ政府が移民申請者と妻、子ども二人分の横浜からハワイまでの渡航費を支給し、到着後には住居を与え、毎日の食料を用意すること、仕事内容は三年間の砂糖黍耕作か砂糖黍製造で、希望があれば妻子にも仕事を用意すること、医療は無料であることなどの条件が含まれた。

一八八四年一〇月には、「ハワイ国出稼ぎ人仮事務所」が東京は兜町の内外物価新報社内に開設され、希望者が押し寄せた（『朝野新聞』同年一〇月三〇日）。初めて見る約定書草案で、ハワイ政府が砂糖黍耕作に耐える農夫力役を求めていると知り、落胆して引き返す商人や書生もいた

（同紙同年一一月一日）。都市部にはハワイ移民労働に適する応募者が少ないため、一八八四年一一月には東京府の職員が西日本の五県へ出張し、純粋な農民の募集を始めた（『朝野新聞』同年一一月一一日、『紫溟新報』同年一一月三〇日）。また同年一二月には、ハワイ出稼ぎ者への徴兵猶予適用が発表され（『朝野新聞』同年一二月二四日）、移民に拍車がかかった。

例えば広島県佐伯郡では、一八八四年一二月に以下のようなハワイ移民募集案内が出回った[4]。

勧内第一二一四号　　戸長

布哇国出稼移住方の義に付曩に及示談候趣も有之候処右は差当り一千三百人を要し年齢四十歳未満の農夫にして砂糖製造若くは他の耕作労働に堪へ候者を選び八百名程先ず第一著手に明年一月廿日横浜港より渡航為致候趣且つ其出稼人は妻子携帯の者にても不苦各其本籍の地より同港迄の旅費は自弁なれとも別に前金借用の定めも有

之又同港より該国ホノルル府迄の渡航費用は一切該国政府より支弁し着の上は相当の宿処食料等を付与し其外に本人へ一ヶ月九弗其妻へ同六弗宛の給料を払渡し三ヶ年間農夫の業に就かしめ候義に有之候条部内へ懇諭の上移住人員年齢等取調来る九日限り可申出尚巨細の義は志願人於て当庁へ出頭の上相尋ね候様可取計此旨相達候事

但本文期日までに何等申出さる村方は右に関係無之と可見做候事

明治一七年一二月三日

佐伯郡長　山口光風

また外務省発表の出稼趣意書や出稼心得書には、ハワイの気候は温暖で風土もよく食料は安い、日本語で暮らせる、ハワイの人々は温和で親切である、英語での子どもの教育も可能である、三年間の契約満期後の契約延長や勉学もできる、男子六ドル、同女子四ドルの食費給与があり、給与の二割五分の貯蓄が義務付けられ、努力次第では三年間で四〇〇円の貯蓄が可能であるなど、魅力的な情報が書かれていた。

一八八五年の日本における月雇男子の全国平均賃金は、二円一一銭七厘であった[5]。為替レートが明確な一八九一（明治二四）年の外務省報告によると、一ドルが一円二八銭ほどに換算されていた[6]。貧困にあえぐ個人や自治体にとって、「ハワイ移民」が魅力的な出稼ぎに感じられたのも当然であった。

一八八五（明治一八）年に入り、福岡県はハワイ国出稼ぎ人事務所と協議の上、約二〇〇人を船便で福岡から横浜に送り出すことを決めた（『朝野新聞』明治一八年一月七日）。静岡県からも多くの希望者が出た（同紙同年一月一七日）。同年一月半ばには、全国からの移民希望者は二、八〇〇人に上った[7]。最終的に、第一回官約移民は、男六七六人、女一六〇人、男児六八人、女児四〇人の九四四人に絞られ、一八八五年一月二七日にシティーオブトーキョー号で神奈川県横須賀の長浦港を出発し、二月八日にホノルルに着いた[8]。

第一回官約移民中、山口県と広島県の出身者はそれぞれ四二〇人、二二二人と多かった。特に山口県大島郡では、雨害のため名産の芋が不作で、農民だけでなく貸家や山林の所有者も納税できないほどになり、郡全体が望みを託し、二二二人の移民を送った〔9〕。

ある三重県出身者は、「不景気で生活がどうにもならず、何か良いことは無いかと考えていた時に、ハワイ出稼ぎ人の募集があったので応募した」と言い、また静岡県出身者は、「茶商に失敗したため、北海道へ行って開拓でもしようと思っている矢先に、地方新聞を見た知人からハワイ移民の募集を教えられ応募した」と語った（I 2-1『官約移民五十年記念誌』九、六一頁）。

ハワイ移民の生活問題

日本とハワイ政府が公認した「官約移民」は、一八九四（明治二七）年六月到着の第二六回移民船まで続き、総計約二九、〇〇〇人が渡航した。初めての日本人移民として、彼らは多くの困難に遭遇し、とりわけ第一回官約移民は「死活問題」に直面した[10]。まず、耕地会社による食費や労働時間の契約不履行が頻発した。台所がない宿舎では、戸外で煮焚きした。トイレがない宿舎では、地面に穴を掘って用を足さなければならなかった。彼らは「犬猫のような扱いを受けている」と情けなく、悔しかった。耕地会社には日本語を解する人はいなかった。言語が通じないため、耕地では現場監督に罵倒され、時には虐待を受け、罰金を科された。

そのうえ、日本人移民からは脚気患者が続出した[11]。主食を雑穀からハワイで安く入手できる白米にしたためであった。しかし、脚気の原因が解明される前のことであり[12]、米食に縁がない耕地の欧米人医師は「脚気」を理解していなかった。言語不通により、患者は充分な病状を訴えることもできず、医師からは「怠惰」の診断が下った。病欠が許されず、労働を強制されて耕地で息絶えるものもいた。就業後半年足ら

ず で、全耕地に働く八九二人から一一人以上の死者が出た[13]。

第一回官約移民は、到着後三〇箇所ほどの耕地に就労したが、一ヵ月も経たないうちにホノルルの領事館へ救済を求める訴えが届き始め、一八八五（明治一八）年六月までに一九箇所の耕地から八七通の嘆願書が提出された[14]。

日本政府は、一八八五年六月に、井上馨外務卿の息子井上勝之助を特使として派遣した。各耕地を調査した井上は、ハワイ政府に対して、日本人を救済するためには、日本人の医師と通訳を採用すべきであると提言した[15]。ハワイ政府はそれに従い、移住民局日本人部の開設を決め、一八八六（明治一九）年に日本人の医師七人と通訳兼監督官一〇人を採用した[16]。彼らは医療活動、衛生指導、通訳に従事し、同時期に赴任した日本国ホノルル総領事安藤太郎とともに、生活指導も行った。その結果、言語問題や死者・病人は減少した[17]。さらに、徐々にハワイの生活と言語に慣れた移民が、後に到着する移民の世話をするようになり、生活面での基本的な問題は激減した。一八九四年に到着した第二六回官約移民の契約満期（一八九七年六月三〇日）とともに、ハワイ政府移住民局日本人部は解散した[18]。その間一八八六年にはハワイ政府と日本政府の間で、日本人移民を保護するための日布渡航条約が締結されたが、一八九三年年一月のハワイ王朝転覆により同条約は事実上無効となった。

一八九四（明治二七）年七月から、日本人移民の取り扱いが日本政府公認の民間移民会社に委託され、いわゆる「私約移民」が始まった。この私約移民時代に、約五七、〇〇〇人の日本人が渡航した。その前年一八九三（明治二六）年にはホノルルに日本人旅館組合が誕生し、一八九五年には三〇軒を超える日本人商店が並んだ。しかし、移民成功者が多くなり、日本人社会が形成される半面、病気や事故、災難、また飲酒、賭博などが原因の生活困窮者も生まれた。

一九〇〇（明治三三）年にハワイは米国属領になり、本国の法律に従い契約労働が禁止された。そのため契約無しの「自由渡航移民」として、一九〇八年までに、約七一、〇〇〇人の日本人がハワイに渡航した。また契約から解放された私約移民も、よりよい賃金を求めて米国西海岸へ転航した。彼らが低賃金重労働を引き受けたことにより、米国人の失業者を生み出したとして、西海岸では日本人排斥運動が起こった。

そのため、日本政府は一九〇八（明治四一）年に米国政府との間に日米紳士協定を結び、自発的に移民の制限を行った。この措置によって、日本人のハワイ渡航は移民経験者、及びハワイ在住者の家族に限られることになった。以後、日本で入籍し渡航した「写真花嫁」を含む約六一、〇〇〇人の「呼び寄せ移民」がハワイに渡った。

一九二四（大正一三）年、いわゆる「排日移民法」が成立し、ハワイを含む米国への日本人移民は完全に禁止された。結局、一八八五（明治一八）年から一九二四年までに渡航したハワイ日本人移民の総数は約二五〇、〇〇〇人にのぼった。

ホノルルの日本国総領事館（以下ホノルル総領事館、あるいは総領事館）の報告によると、一八八五（明治一八）年二月から一八九〇（明治二三）年一二月までに、日本に送金をした一三、二〇三人の送金総額は八六万九、九五六円で、一八九〇年のそれは三一万三、三八一円であった[19]。ちなみに、一八八五年の神奈川県の予算は三〇万一、九九四円である（『朝野新聞』明治一八年五月二〇日）。また、先の報告では、一八八八（明治二一）年から一八九〇年までの帰国者一、三九四人は、一人平均三〇ドルを持ち帰っており、ハワイ出稼ぎ移民の日本経済への貢献度がうかがえる。

しかしながら、すべての日本人移民が、契約終了後の錦衣帰国を果たせたわけではない。予定通りに貯蓄し帰国することができなかった人々は、契約満期後も労働を続け、その後の帰国を目指した。やがてハワイ生活が長くなり、帰国を取り止め、定住する日本人移民が多くなった。

帰国したくても帰れない人達の中には、外貨獲得の使命を与えられ送り出されたにも拘らず、ハワイ政府からも日本政府からも適切な保護や保障を与えられないため、自分達を「棄民」と呼ぶものが現れた。

第一章　自由民権運動からハワイ伝道へ

1　高知時代

サムライの子

　奥村多喜衛は、その気骨から「サムライ牧師」と呼ばれた。実際に生まれも育ちも「侍」だった。ルーツは加賀国前田家の第一家老奥村助右《すけ》衛門尉《えもんのじょう》永福《ながとみ》に遡る。大阪で山内一豊《かずとよ》に助けられた助右衛門の子孫が遠州掛川に行き、その後山内に従って土佐に入国した。奥村多喜衛は、山内容堂《ようどう》に仕えていた土佐藩士第一一代目奥村又十郎任道《とうみち》を父に、その妻敏《とし》を母に、一八六五（慶応元）年四月一八日、土佐の安芸郡田野町の奉行所役宅で誕生した。

奥村が幼い頃、一家は高知市中心地の片町（現、与力町）に移り住んだ。なか四軒隔てた西角には、又十郎の友人、後藤象二郎（坂本龍馬とともに大政奉還を山内容堂に進言。板垣退助と自由党結成。逓信大臣、農商務大臣を歴任）の邸宅があり、また姻戚関係にある片岡健吉（一八九八―一九〇三年、衆議院議長、同志社総長）も近隣に住んでいた。時折、父とともに片岡健吉を訪ねた奥村は、幼心に片岡の実直な人柄に感銘を受けた。

やがて又十郎は片町の邸宅を売却し、一キロほど東に位置する高知市九反田七番地の別荘に引っ越した。近所には坂本龍馬の甥で、後に北海道開拓を経て基督教伝道に携わった自由民権運動家の坂本直寛《なおひろ》も住んでい

両親と多喜衛（高知時代）

た。

土佐湾に至る堀川に沿った九反田の家は広く、三棟の家屋と、釣り船を入れる約一〇メートル四方の池もあった。奥村は、家に出入りしていた後藤象二郎や岩崎弥太郎（三菱創始者）などに接し、自分も将来は一国を背負って立つ人間になりたいと思った。

奥村多喜衛の弟克信《かつき》は、母の姉とその夫の大脇順若《まさより》夫妻の養子になった。大脇順若は土佐藩の財務を担い、明治時代には銀行設立に携わった。克信も養父の跡を継ぎ、土佐銀行（四国銀行の前身）の初代頭取を務め、坂本直寛の北海道開拓事業を、片岡健吉や西原清東《さいばらせいとう》（衆議院議員、同志社総長を経て米国テキサス州で農業に従事し、ライス王となる）とともに支援した。

仏教や儒教を重んじていた奥村家では、毎朝、家族全員が神棚の前に並んで柏手を打ち、庭の植え込みには祠を建て先祖の霊を奉った。父、又十郎は奥村を連れて毎月一日と一五日に天満宮へ、また月に一度は一〇キロメートル西にある、いの町の大国神社へ徒歩で出掛けた。母、敏も一月に一度、奥村を連れて菩提寺の照明寺（浄土宗）へ参った。奥村は、七、八歳になると漢学者でもある又十郎から毎日漢学を教えられ、儒教にも親しんだ。

高知初の学生運動

高知では、明治初期から自由民権運動の嵐が吹き荒れた。一八七九（明治一二）年五月に入学した高知中学校（高知県立高知追手前高校の前身）で、奥村も自由平等の思想に触れた[20]。

自由は土佐の山間から生れたと云はれた様に、明治十年前後から板垣片岡などの士が立志社なる一団体を組織し、盛んに自由民権論を主張したので、政治熱は非常に沸騰し、誰も彼も政治に嘴を容れ、街頭に客待する車夫までが政治を談ずると云う有様であった。此間に生長した余、環境の感化を受ざるを得なかった。況んやまた余が学んだ県の中学校は、政治家を養成する様に出来て居た。教科書にはスペンサー及びミルの代議政体論、ラッセルの憲法書、ギゾーの文明史などの原書が用ひられ、訳本ではルーソウの民約論などを読まされたものである。（A『回顧四十年』一〇〇頁）

当時、全国的に学制が統一されておらず、高知中学校には尋常科と高等科があった。奥村は英語教科書で学ぶ高等科に入学した。そして、一八八三（明治一六）年一〇月には卒業する予定であった。しかし、同年二月二六日に三〇日以上の無届け欠席が理由で、除籍処分となった。

高知中学校では、奥村と同時期に多くの学生が退学した。原因は高知中学校教職員弾圧事件だった。伊集院兼善《かねよし》県令の休職中に、県令代理の太田卓之書記官が大規模な県政改革を実施し、高知県内の自由民権運動派（民権派）を退けた。一八八三年一月一一日には、高知中学校でも民権派の山本幸彦校長など八人が処分を受けた。

民権派教員の解任は、休暇明けの一月一五日に登校した学生を動揺させた。全在学生は、校舎裏手にある高知城に集まり、同校の教員免職について協議した。リーダーは片岡健吉の次男、恒次郎《つねじろう》だった。片岡恒次郎ら四人の代表委員が県令に教員免職に関する尋問書を提出したが、回答はなく、尋問書は大石監二新校長に返された。学生達は太田書記官にも尋問書を届けたが、太田はしらを切った。

一月二四日、在学生一七二人のうち、片岡を先頭に県令や書記官の煮え切らぬ態度に怒りを覚えた約三〇名が、改革反対を理由に退学した。奥村ら数人の学生も、その頃から無断欠席を始めた。高知中学校では、学生達のレジスタンスによって授業実施日数が不足し、月例試験を延期せざるを得なかった。

この高知中学校教職員弾圧事件は、自由民権思想の中で育ち、リベラルな教育を受けていた学生達が、正義と自由平等を求めて興した高知初の学生運動であった。その結果、一八八三（明治一六）年一月から二月にかけて、高知中学校では退学者が非常に多く、同年春には卒業生が一人も出なかった。代わりに、自由と平等を求める若き土佐自由民権運動壮士らが誕生した。

2　三大事件建白運動

自由民権運動と基督教伝道

高知県では、一八八〇（明治一三）年の集会条例で学生の集会出席を禁止していた。拘束を解かれた奥村は、一八八四（明治一七）年一一月にプロテスタントの基督教（以下基督教）演説会に参加した。演説者は、当時日本の基督教界を担っていたG・F・フルベッキ、D・タムソン、吉岡弘毅《こうき》だった（『土陽新聞』明治一七年一一月一一日、一三日、二〇日）。

高知での基督教伝道は、自由民権運動と密接な関係があった。最初の基督教演説会は一八七八（明治一一）年四月に、板垣退助の口添えで来高した神戸教会のアッキンソン宣教師を、二回目は一八八一（明治一四）年八月に神戸から日本人クリスチャンを迎えて開かれた。

一八八四年の第三回目基督教演説会が、本格的な高知伝道の始まりだった。板垣退助と植木枝盛《えもり》、片岡健吉が中心となり、自由党員とともに周到な準備を重ね、一一月にフルベッキ、タムソン、吉岡を迎えた。

演説会は一八八四年一一月一二日、一四日、一五日に高知市の堀詰座で、同二一日と二二日に同市新市町北町座で開かれ、大成功を収めた。講演後に、講師に面会を求めるものが続出したため、グループ別に連続集会が開催された。グループ別集会では、大統領、議会、最高裁の三者関係、上院と下院の機能、税制と自由貿易・保護貿易、公立学校制度、農家の地位など、米国の近代化の情報も求められた。

堀詰座の講演会に連日通い、感銘を受けた奥村は、友人とともにフルベッキを旅館に訪ねた。信仰の話をするつもりだった。ところが生意気にも、「今や我国は欧米諸国に対し、条約改正を要求している。然るに基督教の本場なるイギリスが一番これに反対する。果たしてそれが神の愛の教えにかなう事か」と、いわゆる不平等条約を持ち出してしまった。そして議論となり、フルベッキに説破された。悔しさのあまり奥村は、「基督教はつまらん、日本のためにはならぬ」（A『信仰五十年』五頁）と断固反対の立場をとり始めた。

その後、高知の基督教伝道は急速に進み、一八八五（明治一八）年五月には高知教会が創立され、片岡健吉、坂本直寛ら自由民権運動家が次々とクリスチャンになった。

上阪と結婚後の波乱

廃藩置県で公債証書を与えられた奥村又十郎は、紙製造業、砂糖業、鰹節商、海産物輸出などの事業に手を出し、全てに失敗した。最後に、高知市九反田《くたんだ》の屋敷内で始めた樟脳精製には成功の兆しが見えた。奥村多喜衛も大学予備門入学のため高知を離れる友人達を尻目に、家業を手伝った。ところがある日、機械から出火して家屋が全焼し、奥村家は完全に没落した。

その後、一家は高知市大川筋の大脇順若・克信宅に寄留し、又十郎は一八八四（明治一七）年九月に亡くなった。残された家族は、一九歳の奥村とその祖母保《やす》、母敏《とし》、弟の鶴松《つるまつ》であった。長姉の悦《えつ》は、すでに長尾景房に嫁していた。将来を考えた奥村は、一八八五年夏に上阪し、大阪府警の書記官となった。

一八八七（明治二〇）年一月一五日、奥村は大阪・江之子島の米穀商小川三四郎の長女勝《かつ》（以下カツ）と結婚した。大阪府庁隣の小川家に下宿していた上司を訪ね、家主の小川三四郎と親しくなった縁だった。小川家の祖先は、紀州日高でミカン畑を所有する豪農だった。奥村は、結婚を機に高知から祖母、母、末弟鶴松を呼び寄せた。

ところが、平穏な新婚生活も長続きはしなかった。一八八七年秋に、言論の自由、地租軽減、外交の挽回を求めて、片岡健吉らが主導する三大事件建白運動が始まった。高知の友人達も、運動参画のため続々と上京した。その中の数人が、上京途中で訪れ、奥村に参画を促した[21]。奥村は、はやる気持ちを抑え、断り続けた。しかし遂に辛抱しきれなくなり、生きて帰れない覚悟で上京した。

上京後の奥村は、高輪の後藤象二郎邸で、坂崎紫瀾《しらん》（坂本龍馬の最初の伝記『汗血千里駒《かんけつせんりのこま》』作者）の指図を受け、板垣退助の建白書や後藤象二郎の乙酉上書案などをコンニャク版、謄写版、筆写で作り、全国各地から集まった有志に届けた。夜には二、三人で連れ立って遊び歩き、宿舎近くの神田教会の集会を妨害した。時には無頼漢に出会い、殴打されたこともあった。死を決しての上京であったため、乱暴を極めていた。

そんなある日、片岡健吉が言った。

君と我とは姻戚の間柄であるが、併し真に胸襟を披いて国家の大事を語り得るものは、神を信ずる徒なり。君も日曜日には必ず教会に出席して基督を学べ。一番町の教会には西森拙三《せつぞう》氏あり、島田三郎氏あり。其他君が知合の同郷人多くあり。（A『回顧四十年』九七頁）

あまりにも突然で、意外な勧めだった。しかし敬愛し、生死をともにする先輩の言葉だ。次の日曜日に、一番町教会の礼拝に出席した。そこでは郷友達に歓迎され、初めての説教を素直な気持ちで聞くことができた。その日はフルベッキ著『教証拠論』、植村正久著『真理一班』など、数冊の本を借りて帰り、貪り読んだ。そして気がつくと、次の日曜日が待ち遠しくなっていた。「唯基督教反対と云ふだけでなく。所々の会堂に集会の妨碍《さまたげ》をさへ試みた余が。翻然兜を脱いで基督に降参するに至った動機は。全く平生敬意を表し居る片岡氏の忠言に外なら」なかった（A『回顧四十年』九八頁）。

三大事件建白運動

一八八七（明治二〇）年一二月二五日保安条例が発布され、三大事件建白運動参画者全員に、東京三里外への退去命令が出された。全国から集まった壮士約五七〇人中、高知県人は過半数を占めていた。

巡査が退去者五、六人に一人の割合で付き添い、参画者を東京三里外に追い出した。東京市内では私服巡査が警戒し、陸海軍の火薬庫や兵器庫には武装兵がついた。関西でも巡査が旅館や下宿屋、待合や料理屋を調べて回った。商売人であれ職人であれ、高知県出身者への取り締まりは厳しかった。

片岡健吉、坂本直寛ら一六人は、法令に従わず投獄された。三大事件建白運動に参画していた安芸喜代香《きよか》ら高知教会員五人は、片岡らを助けるため、「保安条例廃止の建白書」を携えて横浜から東京に戻ったところを逮捕された。

一八八八（明治二一）年一月六日には、タムソン宣教師とE・R・ミロル北米聖書会社社長に、片岡との面会が許された。退去命令を受けた片岡恒次郎は横浜に退去し、父との面会を果たさぬまま、翌一月七日には米国留学のため横浜を出発した。

そんな中、奥村多喜衛は一旦東京を出た後、もう一度東京入りしている（『郵便報知新聞』（一八八八年一月二九日）、『東雲新聞』（同年二月七日）、『土陽新聞』（同年二月七日、一〇日他）。一八八八年一月二六日には、石川島監獄署で片岡健吉と面会し、片岡の壮健な姿を見た。そして翌日には、奥村が東京府庁に提出した保安条例の建白書は受理され、一月二八日には元老院に回されることとなった。

逮捕者が多い中、なぜか奥村は片岡との面会を許され、建白書を提出している。大阪在住者ゆえ、成し得たことだったのか。謎を解く史料は発見されていない。奥村はそれから一、二ヵ月ほどして大阪に帰った。

奥村は晩年、

「（略）今考えるとこの運動は今日我が国が採用せんとする、民主々義の運動であった。（略）私共は何もそんな深い考えで提灯持ちをしたのではなかったが、この事件に出会ったことが私の全生涯の廻転期となったのである」（A『楽園おち葉』第三十一籠）

と、述べている。

3　クリスチャンとして生きる

大阪教会で受洗

三大事件建白運動後に帰阪した奥村は、川口テモテ教会に出席した。そしてある日、大阪教会の宮川経輝《つねてる》牧師に紹介された。宮川経輝は徳富猪一郎（蘇峰）らとともに熊本洋学校を経て、同志社で学んだ人物だった。

反骨精神旺盛の奥村は、あらゆる知識を駆使して難問を持ちかけ、宮川に抵抗しようとしたが、すぐに宮川に魅了されてしまった。熱心に大阪教会に通い始め、一八八八（明治二一）年九月に、妻のカツ、母の敏とともに受洗した。

奥村は、幼い頃に父から漢詩を習った。学習箇所を書き写し、夜には晩酌する父の傍らで、一日の課題を暗唱しなければならなかった。上手に暗唱するたびに、父は褒美に、「一杯やれ」と杯を差し出した。徐々に酒量が増え、一六歳の頃には杯の代わりに茶碗を使い、徳利から直接飲むほどの酒豪となっていた。結婚後も酒で妻を困らせていた。しかし、受洗時の悔い改めとして、生涯の断酒を誓った。

三大事件建白運動から帰阪後、奥村家の家計は火の車だった。土佐物産を扱ったが、うまくいかなかった。知人の勧めで呉の海軍機関創設の請負事業を始め、詐欺にかかった。遂に、妻カツの実家、米穀商佃屋の身代までも傾けてしまい、奥村曰く「素寒貧《すかんぴん》」の状態だった。

裕福な商家で育ったカツは、娘時代から所持していた衣類や化粧道具のすべてを質屋に入れ、毎日のように、教会から大きな風呂敷包み一杯の着物を持ち帰った。それらの洗い張りや仕立て直しを、奥村の母と祖母が担当し、出来上がるとカツが届けた。だが、内職から得る金額は知れていた。

奥村は一八八九（明治二二）年に、大阪教会創立者の一人で、福音社を経営していた今村謙吉から、大阪青年会機関紙『青年』（福音社発行）の編集を任された。しかし生業にはほど遠かった。

動けば動くほど窮地に陥るように感じた奥村は、ただ神の助けを祈り過ごした。一八九〇（明治二三）年二月に次男春樹が生まれた時には、前日質屋で換金した一三銭があるだけだった。

一八九〇年元日に、宮川牧師は奥村ら青年を集めて言った。「君達各々には、神より与えられた天職がある。それを知って、全生涯をそれに捧げることが成功であり幸福だ。天職を見出すために神に祈れ」と。

奥村は言葉に従い、一週間神の啓示を願って祈りと黙想を続けた。そして伝道者となる決意をした。

自分は父に従って色々の事業を営み、あるいは商業も試み、あるいは官吏の端くれに列し、又あるいは政治家の提灯持もやったが、何一つ成功したものはない。しかし一つ残って居るものは伝道者となること。伝道者となれば、一人救うても千人救うても同じ伝道者。ただその使命に全身全霊をささぐればよい。（A『楽園おち葉』二十三籠）

と、思ったのであった。

同志社神学校

一八九〇（明治二三）年九月、奥村は給費生として同志社神学校に入学し、単身京都の人となった。友人達は、「奥村がまたあんなことをやるが、一年もせぬうちに帰ってくるだろう」と噂した。

一八七五（明治八）年に同志社を開いた新島襄《じょう》は、開校以来の過労が

同志社神学校時代（前列左から6番目）

重なり、一八九〇年一月に亡くなっていた。数ヵ月の差で、奥村は直接の教えを受けることはできなかった。

神学校では二年生になると課外実習が始まる。奥村も滋賀県草津教会での実地伝道に出た。金曜日の授業終了後、京都市内から滋賀県大津まで歩き、船で琵琶湖を渡り、草津に着く。金曜から日曜夜まで、家庭訪問と説教に休む間もなく働き、月曜日の朝の汽車で帰洛した。

また週に一度は京都の四条教会（現京都教会）付属講義所で説教を行

い、同教会の若者と神学生による学習会「鶴鳴会《かくめい》」を組織した。さらに三年生の夏には、三カ月間、四条教会で夏季伝道師を務めた。これら学外での活動が、後のハワイ伝道の基盤となった。

一八九二（明治二五）年の春、ハワイで伝道中の岡部次郎牧師が同志社を訪れた（『The Friend』一八九二年四月号）[22]。ハワイの日本人社会事情について講演し、学生達に「ハワイへ来ないか」と呼びかけた[23]。

ハワイ移民と基督教

岡部が同志社に送られた経緯は、一八八五（明治一八）年の官約移民の開始時に遡る。官約移民は三年の出稼ぎ予定で耕地労働についたが、言葉は分らず、炎天下の過酷な労働、低賃金、劣悪な生活環境に、本来の目的であった貯蓄は思うに任せなかった。労働意欲は低下し、やがて生活の辛さを飲酒、博打、買春で癒すものも増えた。

日本政府は事態対処のため、一八八六（明治一九）年二月に上海や香港での実績がある安藤太郎を初代総領事として赴任させた。安藤は移民の紛争調停、賭博と売買春の防止、貯蓄と禁酒の奨励などに務めたが、さしたる成果が出なかった。

一方、カリフォルニアのオークランド・メソジスト派教会の美山貫一が、ハワイ日本人移民の窮状を知り、彼らを救済するため、一八八七（明治二〇）年九月末に単身でハワイに渡った。そして日本人移民達に賭博や飲酒を止めて、「敬神愛国修身貯蓄」主義を守ろうと、耕地を説いて回った。

美山の穏やかで誠実な言葉は、官人による官尊民卑のそれと全く異なり、日本人移民の心に響いた。美山が巡回した耕地では、人々の生活態度が改善され、貯蓄率が上がった[24]。驚いた安藤は、美山と協力して日本人移民の救済活動を始めた。

一八八七年一二月に、美山は一旦カリフォルニアに戻り、翌年三月にハワイ伝道会社の招聘に応じて、妻や助手とともに着任した。すぐにダウンタウンのライシアムホールでホノルル日本人基督教会を組織し、ハワイ日本人禁酒会も発足させた。

美山が指導する矯風活動や共済活動、ＹＭＣＡ活動の効果には目を見張るものがあった（『The Friend』一八八九年二月号、四月号。以下、号は同紙）。当初、基督教を嫌っていた安藤も、美山の人柄と情熱、信仰心に感化を受け、一八八八（明治二一）年七月には、ホノルル総領事館の全職員とともに、セントラル・ユニオン教会で受洗した。以降、美山と安藤は基督教を基盤とした矯風・救済活動を推し進めた。

一八八八年、米国の組合派教会から岡部次郎がハワイに渡った。岡部は、メソジスト派教会の活動が活発なホノルルを避け、日本人労働者が最も多いハワイ島に移り、一八八九年七月には、ヒロ日本人共済会や日本人病室を設置した（一八九〇年一二月号）。一八九一（明治二四）年には、岡部はハワイ島ヒロ日本人教会を組織し、翌年には海外初の日本人による日本人のための基督教教会堂を建てた（一八九一年一二月号、「岡部からエマーソンへの手紙」一八九〇年一一月一三日、一八九二年一一月七日）。

一方ホノルルでは、一八八九（明治二二）年八月に美山が米国本土へ、また同年一〇月に安藤も日本へ転任した（一八八九年八月号、一〇月号）。二人が展開していた矯風、救済活動は、メソジスト派伝道者の長谷川哲之助や砂本貞吉に引き継がれたが、勢いは衰えた（一八九一年一月号、六月号）。間もなくカリフォルニアのメソジスト派教会はハワイ伝道を組合派教会に譲り、一八九一年にハワイから撤退することに決めた（一八九一年一二月号）。

そのため、組合派教会を母体とするハワイ伝道会社は、日本から組合派教会の伝道者を招聘するために、岡部を日本に派遣した。伝道を通して、米国の思想と民主主義を日本人移民に伝え、生活の改善や向上をすることが、ハワイ伝道会社の願いであった（一八八八年八月号）。岡部は組合派教会の新島襄が創立した同志社神学校を訪問し、学生にハワイ伝道を呼びかけた。

海外伝道の夢

岡部の講演を聞いた時、奥村は第二学年の修了前だった。前年から「ヘンリー・マルチン小伝」（サーゼント著、丹羽清次郎訳、『基督教新聞』第四二一号―四二九号、一八九一（明治二四）年八月二一日―一〇月一六日）を読み、ヘンリーがケンブリッジ大学教授の座を辞して、印度伝道に命を捧げた姿に感動し、海外伝道への夢を抱いていた頃だった。

岡部は一八九二（明治二五）年七月に、同志社出身の奥亀太郎を伴ってハワイに戻った。その後同志社からは、卒業生の奥村禎次郎（後の江口一民《かずたみ》）、神田重英《じゅうえい》、高森貞太郎、山崎直《ただし》、曽我部四郎らがハワイに渡った。

神学校では、卒業を控えた学生に各地の教会から招聘が届く。一八九四（明治二七）年六月の卒業を前に、奥村にも声がかかった。尊敬する大阪教会宮川経輝《つねてる》牧師の下での仕事だった。魅力的ではあったが、ハワイ伝道の意志は固く、辞退した。

奥村は、ハワイ伝道に出たいと同志社のＪ・Ｄ・デービス教授に打ち明けた。教授は喜び、近々出発する米国への一時帰国の途次に、ハワイ伝道会社に立ち寄り、交渉すると約束した。やがてサンフランシスコに着いたデービス教授から、「ハワイにすぐ往け」との電報が届いた。奥村は家族の都合や面倒事すべてを打切って、一八九四年八月一四日、横浜発の英国船ベルギック号に乗り、八月二七日にホノルルに着いた。

4　ハワイ渡航

ハワイに上陸

ハワイに到着する全ての移民は、ホノルル港サンドアイランドにある通称「千人小屋」に収容され、検疫を受けた。奥村が到着した頃、中国でペストが発生していたため、入念な消毒が行われた。

千人小屋の人々は、配給される米塩肉野菜で自炊し、空き時間には歌、踊り、相撲などを楽しんだ。相撲好きの奥村は相撲大会に参加し、優勝してしまった。検疫所所長のドクター・マクベーは五ドルの報奨金を出そうとした。だが奥村は、侮辱と感じて断固受け取らなかった。後日ホノルル上陸直前に、通訳の星名謙一郎が、奥村をドクター・マクベーに正式に紹介した。マクベーは、頑固な相撲青年が伝道者であったことを大変喜び、以後二人は親しくなった。

奥村渡航の頃

一八九六（明治二九）年、ホノルルにコレラが発生した時、ドクター・マクベーは多くの米国人とともに、奥村を検閲官に任命した。また一八九九（明治三二）年にペストが大流行した際にも、奥村に特別通行許可書を与え、交通遮断地域内や患者の収容所への出入りを許した。

一八九四（明治二七）年当時、ハワイ全島に暮らす日本人は約二五、〇〇〇人であった。そのうち一、〇〇〇人ほどが、耕地労働を終えホノルルに出府し、ダウンタウンには日本人商店街もできていた。奥村が赴任したホノルル日本人基督教会は、ダウンタウンの上手にあった。同教会の主任牧師は、ヒロから転任していた岡部次郎だった。奥村は九月二日にハワイで初めての説教を行った（B1『奥村多喜衛説教日記一八九四―一八九七年』）。

ハワイ革命

一八九三（明治二六）年にハワイ王朝リリウオカラニ女王の退位によって、ハワイ王国は一二〇年の歴史に幕を閉じた。リリウオカラニ女王は「アロハオエ」の作詞者でもある。

一八九四年八月にはハワイ共和国が誕生し、米布合併に向けての動きが始まった。しかし一八九五（明治二八）年一月に、王制復活を求めた武装反乱が起こり、共和政府軍と革命軍による戦闘が勃発した。奥村はその時の模様を書き残している。

一八九五年（明治二十八年）一月六日（日曜日）の夜教会の礼拝を終えて会堂を出ると。市内の様子が何となく不穏であった。其所彼所に往いて事情を聞いてみると。暴徒が起った、警官カーターは殺された、エワの日本人も一揆を起しホノルルに向ひ進みつつあるとか。岡部牧師はシチズン・ガードに志願し服役するとて。銃を肩にし愛馬に跨って即時出張し其儘數日歸らなかった。（A『楽園おち葉』第二篇）

岡部次郎の迅速な行動は、日本人の軽挙妄動が移民問題に与える影響を懸念した上でのことだった[25]。後に、日本人暴動の噂は誤報と判明したが、ハワイ革命騒動の間、ホノルル市内の通行は遮断され、全ての集会は禁止された。奥村は特別に通行券の交付を受け、毎日、教会員の家を訪問した。

日本人の中には、岡部と同様に共和国の義勇軍に参加し、日本人の暴動制止に回るものもいた。また王制派を支援するものも少なくなかった。一週間ほどで王制派の革命は失敗に終わり、ハワイ共和国は米布合併へと歩み始めた。

岡部次郎は、一八九五(明治二八)年七月にホノルルを去り、米国、ロンドン、ドイツ、パリなどで数年を過ごし、日本に帰国した。ハワイ革命時の言動が、王制支持派の日本人移民間に反感を芽生えさせ、その結果、岡部はホノルルに居づらかったのであろうと言われた(一九九六年、元ハワイ島日本人移民資料館大久保清館長の話)。岡部は帰国後、新聞発行に携わり、一九一二(明治四五)年から衆議院議員を務めた。

一八九五年七月、ホノルル日本人基督教会に奥村多喜衛牧師が誕生した。当時の日本人伝道者は、通訳、英語教授、総領事館への願い届け、郷里への手紙の代筆、送金の手続きから夫婦喧嘩の仲裁に至るまで、日本人の日常生活全般の世話をする「よろずや」を兼ねた。

一八九六（明治二九）年のハワイの総人口一〇九、〇二〇人中、ハワイ人は二八・四％、ヨーロッパ系人は二〇・六％、中国人は一九・八％、日本人は二二・四％を占めていた。一九〇〇（明治三三）年の調査では、日本人人口は三九・七％で、人種別第一位となり、その座は半世紀以上も続いた。一八九四年から一九五一年までの奥村の活動時期は、そのように日本人や日系の二世や三世が増え、日本（系）人がハワイ社会全体を支えたハワイ日本（系）人社会の成長期・充実期に重なった。

第二章　日本人社会の建設へ向けて

1　日本人の教育機関

ホノルル日本人幼稚園

ハワイに赴任後のある日、奥村は二世の少女に「ミーマ、ハナハナ、ようこない」と声をかけられた。全く理解できなかった。知人に尋ねると「ミーマ」は英語の「マイママ」、「ハナハナ」はハワイ語の「仕事」、「ようこない」は日本語、つまり「私のお母さんは仕事があるから、来ることができない」という意味だった。このようなハワイ多国籍社会の混成語が、ハワイ生まれ二世の共通語だった。

日本人の移民開始から一〇年を経て、ハワイで生まれた二世は

奥村カツと日本人の子どもたち（19世紀末）

一、三〇〇人を越えていた［26］。一八九四（明治二七）年の時点で学齢に達する二世のうち、公立学校に通う日本（系）人児童はわずか一一三人であった。親が仕事をしている間、大勢の子ども達が耕地に野放しにされていることに、奥村はショックを受けた。そして清教徒が米国に移住した時のことを思い浮かべた。彼らが最初に建てたのは、住居、教会、そして学校だった。奥村は、二世の教育について真剣に考え始めた。

当時、ベレタニア街とヌアヌ街

の角のクイーン・エマ・ホール（ハワイ王国・エマ女王の旧邸宅）では、米国人、ポルトガル人、ハワイ人、中国人の各部幼稚園が開かれていた。奥村はそこの事業部に相談し、毎月二五ドルの運営資金を自分で集めるという条件で、無料の日本人幼稚園を開設した[27]。保育は元年者二世の小澤糸子が担当した。他の幼稚園部と同様、英語保育であった。やがて保育士養成学校で学んだ複数の米国人教師が赴任した。

奥村は、毎月運営資金調達に奔走し、ホノルル総領事館関係者、毛利伊賀ら地域の開業医、古川吉太郎ら横浜正金銀行員、五十嵐直正らハワイ政府移住民局日本人部関係者、渡辺勘十郎ら移民会社関係者などから寄付を集めた。

日本人小学校

1　小学校の開校

日本人幼稚園の開園で、教育の重要性が日本人社会にも伝わり始めた。

やがて、毎月の運営費集めに奔走している奥村に、「日本人小学校を始めてはどうか」という声がかかった。奥村も日本語での初等教育の必要性を感じ始めている時だった。そこで一八九五（明治二八）年初頭にホノルル総領事館の清水精三郎総領事に相談した。清水から小学校設立への賛成は得られたものの、日本政府からの経済的支援は期待できないと聞かされた。

一八九五年四月に入り、奥村はホノルルに滞在していた移民会社役員で自由党の菅原伝に相談を持ちかけた。彼の「自由党代議士に働きかけてもよい。ただし日本政府から補助金を獲得するためには、有力な在留邦人によって請願書を提出したほうがよい」という助言に従って、奥村は署名集めを始めた。しかし事は順調に進まなかった。奥村は自分の熱意と信用のなさを悔やんだ。彼はその頃の思いを『基督教新聞』に投稿している。

「布哇通信」（宗教、教育）

（略）夫れ斯の如く邦人に対する伝道事業は長足の進歩をなしつつあるは実に喜ぶべきことなれども、教育事業の不完全なる大に悲まざるを得ず。夫れ教育の忽にすべからざるは敢て伝道事業に譲らず、吾人寧ろ茲に其必要を説くの痴なるを知るのみ。今や当国に在留する男女殆んど三万に近し。随て子女の数亦甚だ少からず。当国には戸口調査法の設なく又我領事庁にも契約労働者の外在留者名簿の備あるなし。故に不幸にして正確なる統計表を得る能はざれども、小児の数凡三四百に下らず、学齢に相当せる者亦少なくとも五十を越ゆ。而して一小学校の設なく幼児保育の途なし。唯わずかに伝道者が各地に夜学校を設けて労働者に普通読書及び英語を教授するあるのみ。ホノルル府に於ては教会の事業として一夜学校を起し四名の外国教師五名の日本教師を聘して七十余名の青年を教育し、又幼稚園を設け三十有余の幼児を保育す。夜学校は内外教師の篤志により維持上不都合を感ぜざれども、幼稚園に至ては少しも外人の手を假らず、専ら在留我邦有志家の寄付に依りて維持するものなれば、毎月経費に不足を告げ困難言ふべからず。然れども希くは之を継続し、進で小学の科程を増設せんと希望して已まず。

方今我邦教育の道大に開け、寒村僻地殆ど学校の設あらざるはなし。然るに三万の父兄四百の子弟身三千里の外に在りと雖ども、同じく帝国の臣民なり。而して独り此教化の恩慶を蒙る能はざるは何等の不幸ぞや。余此国に生れ此国に生長せし青年を知る。憐むべし彼は祖国の文字を解せず、祖国の礼儀に習はず、何ぞ祖国の地理歴史を知らんや。惟ふに今より後、我邦民益出でて海外諸国に移住し到処に新日本を建設するに至るべし。而して現に千百人部落をなす布哇移住地の如きには我政府相当の保護を給して小学校を設け、日本的教育を施されんこと敢て当路者に切望して已まざる所なり。

（D『基督教新聞』一八九五年一〇月一八日）

やがて奥村は、早期に日本人小学校を開校するには、自力で始める以外に方法がないと覚悟を決めた。その直後、一八九五年一一月に、ハワイ島のコハラ日本人教会牧師神田重英の紹介状を携えて、桑原秀雄と名乗る青年が訪ねてきた。桑原は身体虚弱を理由に耕地会社との契約を解消し、神田のもとで働いた後出府したのだが、偶然にも日本の教員免許を持っていた。奥村が日本語学校の設立計画を打ち明けると、「教育が天職である」という言葉が返ってきた。まさに「神の与《あた》え」だった。

桑原は奥村の家に住み、最初は奥村の小遣いから支出されるわずかな給金で、教育にあたることになった。奥村は再度、日本人有志から日本人小学校運営のための寄付金を集め、一八九六（明治二九）年四月に、クイーン・エマ・ホールの一室で「ホノルル日本人小学校」（通称「日本人小学校」）を開校した。日本の文部省検定教科書に基づいた読書、習字、修身、体操などの授業が、月曜から金曜までの毎日、公立学校の放課後に、また公立学校の休暇中は午前九時から一一時まで行われた。開校時の生徒は七人だったが、すぐに三〇人を超えた。しかし保護者からの協力は容易に得られず、教師が生徒の怠慢を諭せば、「そう先生がやかましいなら、学校などやめてしまえ」と言う親もいた。それでも子ども達の日本語は日ごとに上達し、また親子間の会話も円滑になった。校舎や板塀に日本語の落書きを発見した時、奥村と桑原は日本語教育の成果と喜んだ。

その後も生徒は増え、数ヵ月後に学校はククイ町とククイレーンの角にある二階建て家屋に移った。生徒は開校一年で四七人に、二年で七〇人となった。

ホノルル日本人小学校の支援者には、隆盛を極めていた移民会社関係者、官約移民出身の旅館業者や商店経営者、またその従業員などがいた。支援者の多くが、幼稚園の支援者でもあり、その宗教もさまざまであった。

2　教育方針の転換

一八九八（明治三一）年、ホノルル日本人小学校は、小村寿太郎外務次官から海外における教育事業として奨励され、文部省からは教育勅語と教科書、参考書等二〇〇数点が贈られた。

当時、まだ仏教系日本語学校は開校しておらず、ホノルル日本人小学校は数少ない日本語教育機関であった。生徒数は激増し、やがて支援者から校舎新築の話が持ち上がった。一八九八年五月には、総領事館、横浜正金銀行ホノルル支店、移民会社、実業界の各代表と奥村によって組織された新築校舎設立委員会が、各方面からの寄付募集を始め、ヌアヌ街に敷地を購入した。

ところが、一八九八年七月に、ハワイ政府は二年後の米国属領化を発表した。それにより一九〇〇（明治三三）年からはハワイで生まれるすべてのものが、ハワイ政府衛生局に出生を届けて米国籍を取得し、米国人として米国式教育を受けることになった。すぐに奥村は、ホノルル日本人小学校の教育方針を、それまでの日本国内に倣った「日本的教育」から、日系米国人に必要な「日本語教育」に変更した。

一八九九（明治三二）年二月には、ホノルル日本人小学校の新築校舎が完成した。これを機に、奥村は運営から手を引き、すべてを斉藤幹総領事委員長率いる学務委員会に任せた。奥村が運営を続ければ、同校の教育が基督教主義に偏っているという誤解が起こりかねず、またそれが原因で、仏教界と基督教界に、そして日本（系）人社会に、よからぬ軋轢を生む恐れもある。ホノルル日本人小学校が、日本人社会全体の「公益的な教育機関」となることを願ってのことであった。学務委員会は各界を代表する三三人で構成され、学校名も「布哇中央学院」と改称された。

ホノルル日本人小学校以前には、一八九三（明治二六）年に神田重英牧師がハワイ島コハラで始めた学校や、一八九五（明治二八）年にマウイ島クラの商店主福田清次が、メソジスト派伝道師の五味鐶《かん》と開校したクラ日本語学校があったが、何れも耕地の都合で数年後に廃校となった。これら二校と異なり「布哇中央学院」は第二次世界大戦まで続いた。

社会人教育

奥村は、一八九四（明治二七）年九月からホノルルより西へ三〇キロほど離れたエワ耕地の伝道を担当し、翌一〇月には夜学校での授業を開始した。週二回、ホノルルから出張して、英語と聖書を教え、説教を行った。奥村はエワ耕地での思い出を次のように書いている。

其頃は契約労働時代で独身者が多かった。ホワイトワッシュした大きな一室の家屋に、一人畳二枚敷位の割り当で十人或は一二人が住んで居た。一日の仕事を終はれば遊びに行く所はない。勿論まだムービーもなくアイスクリーム店もない。日本からの新聞雑誌など読みたくても手に入らない。唯一つの遊びは花札であった。（略）

何れの耕地館府にても花札は盛んであった。所が小山君が信者になると、ストアから古箱をもらって来て机をこしらえ、毎日夫れにて夜学校のさらえをする。手紙を書く、或は聖書を読む。すると君の隣に寝て居た青年が同じく机を作って、其真似をした。又其次がやる、又其次がやる。終に一家十人皆古箱の机を作って読み書きを楽しむという風になった。（A『楽園おち葉』第五篇）

多くの耕地で、過酷な労働の疲れを不健全な娯楽で癒す男性は少なくなかった。飲酒や賭博、売買春が公然と行われる耕地もあった。そのような環境での夜学校は、悪習慣を排除し、学習と「精神的な充足」を提供する場となった。また、夜学校での学習は、昇進や転職にも繋がった。

ここに登場する小山鹿蔵青年は、エワ耕地の支配人に気に入られ、耕地の商店の店員に抜擢された。英語力と信用が必要な職場であった。小山青年は、後年ホノルルに出て、大きな商店に勤務し、さらに経営者として成功した。文字通り、小山の成功は、夜学校から始まったのであった。

また奥村は、一八九六（明治二九）年七月に、ホノルル日本人基督教会付属の職業教室を創設した。男子部の料理教室では、サミュエル・デーモン家（ジョン万次郎を世話した一家）でコックとして働いていた石村市五郎が教えた。石村は一八六八（明治元）年に一三歳でハワイに渡った元年者で、飲酒賭博に明け暮れていたが、一八八九（明治二二）年に美山貫一から洗礼を受け、以来勤勉な生活を送った。女子部の裁縫教室教員は、奥村の京都四条教会時代の友人、岩村秀太郎が担当した。

男性が西洋料理を習得すれば、米国人家庭のコックとして有利な条件で就職できた。女性は縫い子として自活への道が開かれていた。奥村の職業教室は、耕地労働を経てホノルルに出た日本人対象の初の技能者育成機関であり、自立のための学習の場であった。

職業教室は、一八九七（明治三〇）年六月には職業学校に昇格し、女子部には編み物教室や料理教室が加わった。二年後には岩村が渡米したために裁縫の教員は代わったが、石村はデーモン家を辞して料理学校に専念し、一九〇三（明治三六）年には同校を「石村料理学校」として独立させた。その頃には、同校を卒業してコックとして就業していたものは数百人にものぼっていた。

「職業学校の存在は長くなかったが、大いに当時の要求を充たすことができた」（A『恩寵七十年』七三頁）とは奥村の弁である。職業学校は、耕地労働契約を終えた日本人が「使い捨て労働者」として終わらないために、奥村がいち早く考え出した自立支援のための社会人教育機関であった。

2　日本人寄宿舎（奥村ホーム）

日本人寄宿舎

奥村は一八九六（明治二九）年八月に、日本人男児をホノルル日本人基督教会の牧師館に預かった。日本人寄宿舎（別名奥村ホーム、奥村寄宿舎、日本人学生寄宿舎）の始まりであった[28]。当時、親が耕地で働いている間、子ども達は周辺に放られて育っていた。奥村はそのような子どもを預かり、ホノルルで教育を受けさせたいと考えた。そして、フランク・デーモン（サミュエル・デーモンの兄弟）が、中国人を対象に経営していたミルズ・スクールを手本に、一八九七（明治三〇）年四月から本格的な寄宿舎を始めた。一八九六年一二月に日本から呼び寄せた妻のカツが寮母を務めた。

当時、ホノルルで発行されていた日本語新聞『やまと新聞』やホノルル日本人基督教会月報『教報』には、「日本人小学校寄宿舎」と名をうって寄宿生募集案内が掲載された。

日本人小学校寄宿舎
学齢児童ニシテ遠隔ノ地ニ住シ　若シクハ他島ニアリテ通学スル能ハサル者ノ便益ヲ計リ　来ル四月廿日ヨリ寄宿舎ヲ設ク　志望ノ方ハ申込アレ
（注意）満六才以上ノモノヲ入宿セシメ　午前ハ英語学校午后ハ日本語学校ニ送リ父兄ニ代リ保育教導ス
父兄ハ食料及洗濯賃トシテ毎月四弗五拾仙ヲ前納スヘシ
ホノルル府　郵函一二八
申込所　奥村多喜衛
（『教報』創刊号、一八九七年五月号）

寄宿生はハワイ全土から集まった。奥村は寄宿生を我が子と捉えて接した。寄宿生と奥村家の子ども達は、同じ部屋で寝起きをし、同じものを食べた。寄宿舎入所規約には、奥村家の家訓遵守も含まれた。

寄宿生は朝六時に起床、七時朝食、七時三〇分聖書輪読、その後フォート街にある公立学校で学び、放課後にホノルル日本人小学校で日本語や日本文化、修身を学習した。帰宅後は夕食に続いて、寄宿舎内の仕事の手伝い、入浴などの後、七時には家庭礼拝を行った。このような規則正しい生活によって、入所当初は奥村達を困らせていた子どもの生活態度や精神はすっかり変わり、保護者は帰省時に見る我が子の成長を喜んだ。

寄宿生には、充分な愛情を受けてこなかった子、家庭内暴力を受けた子、様々な要因で言動に問題がある子もいた。それらの子どもも、奥村家の教育を受け、落ち着きを取り戻した。また奥村は、保護者を病気や事故で亡くした子どもの後見人にもなった[29]。やがて日本人寄宿舎の評判はハワイ全島に広まっていった。

クリスチャンホーム

ホノルル日本人基督教会牧師館内にあった最初の日本人寄宿舎の部屋には、二段ベッド五台が壁に沿って並んでいた。すぐに入舎希望者が四〇人に増えたため、隣家を借り、一階を教会付属の職業学校にして、二階を寄宿舎に用いた。

一八九九（明治三二）年二月には、ホノルル日本人小学校がヌアヌ通りとヴィンヤード街の角に移転した。同年、日本人寄宿舎もハワイ伝道会社からの寄付金七、〇〇〇ドルで、ククイ町のチャイナタウン近くに家屋を購入し引っ越した。一九〇一（明治三四）年一二月には、そこに二、〇〇〇ドルをかけて、六〇人を収容できる二階建て家屋を建てた。

日本人寄宿舎は奥村の個人運営によるものだった。一九〇二（明治三五）年一〇月、奥村はホノルル日本人基督教会を辞した。辞任に伴い、日本人寄宿舎もホノルル日本人基督教会から離れる必要が生じたため、一九〇三（明治三六）年九月には、ハワイ伝道会社の支援を受けて、ベ

日本人寄宿舎（1901年）

レタニア街近くのパンチボール街に面した同社所有の旧神学校に移った。一五〇人を収容できる大きな建物だった。しかし一九〇六（明治三九）年にはそこが売却され、新たにベレタニア街の水揚げポンプ場の向かいにあるハワイ伝道会社エマーソンの旧宅に引っ越した。今度の建物は寄宿舎には狭すぎた。そのため一九〇七（明治四〇）年二月には、ベレタニア街のハイド旧宅に移った。ところが、ハイド旧宅も一九一〇（明治四三）年に隣接した電鉄会社に買収されることになった。奥村は頭を抱えた。その時手を差し伸べたのが、実業家のウィリアム・キャッスルだった。彼は奥村にキング街一二三九番の邸宅を無償で提供し、以後、そこが日本人寄宿舎と奥村家の終の棲家となった。

日本人寄宿舎は「規則正しい生活をし、勉強にも遊びにも労働にも励み、正義の味方となって悪と戦い、悪しきことには一歩も負けぬ平和の戦場における兵士の精神を養う」（B1『日本人学生寄宿舎案内』）ための家庭であった。在舎年限はなく、一六年間在舎したものもいたが、多くは七年から一〇年の寄宿舎生活を送った。

後年、開設された他の寄宿舎と比較しても、奥村寄宿舎の寮費は非常に安かった（元寄宿生でマキキ聖城基督教会員の宍戸和夫さんの話）。その上奥村は、健康と栄養を第一に、すき焼き、チキンシチュー、魚類などを定番メニューとした。しかも無制限の満腹主義を取ったので、寄宿生からの寄宿費では賄いきれず、常にハワイの名門キャッスル家、クック家、アサトン家、ウォーターハウス家から、赤字補填のための寄付が寄せられた。米国組合派伝道会社宣教師の子孫であり、実業界で成功している彼らにとって、奥村の基督教社会事業に対する支援は、当然の社会貢献であった。

教育という財産

二〇世紀初頭のハワイでは、子どもの教育について真剣に考える日本人は非常に少なかった。奥村は保護者に対して、子どもの教育に力を入れるように勧めた。金は使えばなくなり、また金が子どもを浪費家にしてしまう恐れもある。資力を子どもの教育に使い、小学校修了後は中学、高校、さらには大学へも進学させよう、それが親の喜びともなる、と助言した。

ホノルル市内の学校は、各島の地方の学校と比べて教員も設備も充実していた。そのため奥村は、ハワイ全土の日本人の保護者に次のように

奥村ホーム野球チーム（20世紀初頭）

呼びかけた。

相当に学資の出せるかたは、なるだけ児童の年少きうちに思い切ってホノルルに出しなされ、学問の進歩は申すまでもなく、色々の益がございます。寄宿舎は親達に代わってご心配なきように世話いたします。（B1『日本人学生寄宿舎案内』）

また日本人寄宿舎は、スポーツ教育にも熱心で、いち早く野球を取り入れた。一九〇一（明治三四）年に結成されたベースボールチーム「ＪＢＳ」は、ハワイ日本人野球団の元祖であった。結成当時は、ハワイ唯一の日本(系)人チームとして、ハワイ人、中国人、ポルトガル人などのチームと対戦した。そして一九〇四(明治三七)年には、少年部と幼年部の二組からなる「Excelsior Club」に再編成された。

一九〇九(明治四二)年初頭に、奥村はフランク・デーモンから「マノアに地を見立て相当大きな校舎を造り、それにミルズ・スクールを移さん計画であるが、中国人青年のみで新校を開始するは面白くないから、君の家に居る日本人青年を合わせて、日中共同で始めては如何」(A『楽園おち葉』第二十九籠)か、と声をかけられた。奥村は承諾した。そして日本人寄宿舎に預かっていた一五歳以上の四〇人をフランク・デーモンのもとに送り出した。彼らとミルズ・スクールの中国人生徒六〇人ほどが一緒になって、ミッドパシフィック・インスティチュートが開校した。フランク・デーモンの生存中は、奥村も同校の式典に必ず出席した。式典会場には日本人寄宿舎の創立当時からの写真が展示されていた。現在、ミッドパシフィック・インスティチュートは、幼稚園から高校まで備えた大きな学園となっている。

日本人寄宿舎は、ミッドパシフィック・インスティチュートへの統合で、一時寄宿生が少なくなったが、やがてホノルルの大学に進学する各島出身の二世が集まり始めた。奥村はキング街の隣家を買収して、寄宿舎を拡張した。一九一九（大正八）年にはマザー・キャッスルの寄付をもとに、数ブロック先のキナウ街に女子部も創設した。

日本人寄宿舎は奥村に続いて長男梅太郎が、梅太郎亡き後はその妻ハツが運営し、一九八〇年代まで続いた。九〇年間に寄宿生の総数は一、五〇〇人を超えた。一九六二（昭和三七）年から一九九〇（平成二）年まで下院議員と上院議員を務めたスパーク松永も寄宿生の一人だった。

一八九六（明治二九）年に奥村が最初に預かった時岡文治《ぶんじ》（ハワイ大学卒業後、コネティカット州のU.S. School of Naturopathy and Allied Sciencesを卒業し医師となる）と、弟の時岡政幸《まさゆき》（ハーバード大学院ビジネススクール修了後、ホノルルでアトラス保険会社を設立してハワイ経済界の重鎮となる）は、ハワイ日系社会のリーダーとして生涯奥村とマキキ教会を支えた（マキキ聖城基督教会第一一代黒田朔《さく》牧師の話）。そのほか、ハワイや米国本土在住の日本人寄宿舎卒業生も奥村の活動を支援し続けた。

3　日本人慈善病院

日本人慈善会の沿革

一八八七（明治二〇）年一〇月に、カリフォルニアメソジスト派教会の美山貫一の指導で、ハワイでも「日本人共済会」が組織された[30]。当時、欧米で盛んであった女性中心の慈善会や共済会に倣って、同会でも初代会長を総領事安藤太郎の妻文子《ふみこ》が、副会長をハワイ政府移住民局日本人部官長中山譲治《じょうじ》の妻きん子が務めた[31]。そして男性役員が実質的な補佐に回り、ハワイ伝道会社の米国人も応援した[32]。

日本人共済会の主たる活動は、病気や不慮の事故の際の救済であった。会員は毎月掛け金二〇セントを払い、いざという時、救済を受ける権利があった。三年契約の移民は三年間で合計七ドル二〇セントの掛け金を納入することになるが、特権として帰国時に必要な移住民局免状手数料一〇ドルが免除された。当時は経済的余裕のある移民は少なく、同会の相互扶助活動は期待された。発足後、約半年で全島の会員は一、二〇〇人にも及んだ（『The Friend』一八八八年五月号）。

一八八八（明治二一）年初頭には、日本人共済会に対して日本駐在のハワイ国公使R・W・アーウィンから、第四回官約移民（一八八七（明治二〇）年一二月一一日着和歌の浦丸、一、四四七人）一人頭一ドル二五セント、合計一、八〇〇ドルの救済金支援があった[33]。

その後も第六回官約移民（一八八八年一一月一四日着高砂丸、一、〇八一人）に八七五ドル、第七回官約移民（同年一二月二六日着高砂丸、一、一四三人）に九二七ドルの支援があった[34]。支援金の管理は病人や死者、帰国者の世話をするための基金として、安藤夫妻らに任された[35]。

一八八九（明治二二）年五月には、安藤夫妻やハワイ政府移住民局の日本人官吏らによって、ヌアヌ街のブリッジハウスに、日本人共済会付属日本人臨時病院が開設された[36]。三部屋、一二ベッドの設備があり、入院には一ヵ月九ドルが必要であったが、診療はハワイ移民局の日本人医師が無料で行った。多くの地域で医療への不満が募り、日本人のための早急な病院開設が望まれていた。日本人臨時病院は不完全なままのスタートだった。

共済会は一八八九年九月に安藤太郎の名で、ハワイの米国人篤志家に日本人病院設備拡張のための寄付を募った。しかし、同年一〇月には安藤太郎夫妻が日本に転任したため、拡張計画は中座し、日本人臨時病院の医療活動も衰退してしまった。

一方、一八八九年五月に、ホノルル日本人基督教会の砂本貞吉牧師の妻ウメ子が婦人慈善会の会長に就任した[37]。毎週一度の会合を持ち、その都度集めた寄付金で、病人の慰問や生活困窮者の援助を行った。しかしその後、砂本ウメ子会長が夫の砂本貞吉牧師とともにホノルルを去った。またその他の役員にも病没や日本帰国が重なり、会の活動は休止状態となった。

一八九二（明治二五）年八月になり、婦人慈善会は活動範囲を広げるために、男性会員を加えた「日本人慈善会」に改組された。ハワイに戻った砂本貞吉も副会長に就任し、総領事館関係者、銀行関係者、医師などの役員とともに会を運営した。しかし、奥村多喜衛がハワイに到着した頃には、日本人慈善会はさしたる活動をしていなかった。一八九五（明治二八）年一二月の日本人慈善会年次大会に演説者として招かれた奥村は、同会が所有する七、〇〇〇ドルをもとに大規模な慈善事業を展開してはどうかと大胆な意見を述べ、その直後に委員に選任された。

日本人慈善会の復興

一八九九（明治三二）年には内田重吉《じゅうきち》会長以下、幹部役員が次々とハワイを去ることになった。奥村は内田に呼び出され、運営を託された。同年五月にホノルル日本人基督教会で開催された日本人慈善会大会の選挙では、新会長に横浜正金銀行支店長今西兼二《けんじ》が、副会長に奥村が選任された。

同大会では、ヨーロッパから戻ったばかりの元ハワイ政府移住民局官医毛利伊賀から、ヨーロッパの慈善病院の実情報告も行われた（『やまと新聞』一八九九年五月二七日）。急速に拡大しているハワイ日本人社会でも、慈善会付属病院の設立を望む声が聞かれていた。毛利報告を受けて翌六月には今西、奥村、毛利、獣医師の勝沼富造による日本人慈善病院準備委員会が組織され、病院設立に向けて動き出した（『やまと新聞』一八九九年六月三日）。

ホノルルには、かつてハワイ政府移住民局日本人部に採用され、契約終了後もハワイで医療活動を続けている日本人医師も多く、一八九六（明治二九）年には毛利伊賀、内田重吉、小林参三郎らホノルル在住の日本人医師達が中心となり、ハワイにおける日本人初の学術団体「布哇医会」を組織していた（『やまと新聞』一八九六年五月二二日）。慈善病院設立に当たっては彼らの協力も得られる見込みだった。

一方、日本人慈善会の新役員は規約を改正し、慈善活動の方法改善や、救済対象者の拡大を行った。そして一八九九（明治三二）年一一月には日本人初のハワイ政府公認団体に昇格し、ハワイ社会全体に貢献する慈善団体として再出発した（同紙一八九九年一二月二日）。

一八九九年一二月一二日にホノルル・ダウンタウンの中国人街にペストが発生し、市内蔓延の兆候が見られた。患者の多いヌアヌ街から西地域、ベレタニア街から海側のダウンタウンは隔離され、交通も遮断された。奥村はハワイ県書記官モットスミス（後の知事代理）とともに検閲員として隔離地域へ出入りし、日本人慈善会を代表して日本人患者の状況を調べた。

一九〇〇（明治三三）年一月二〇日に、ホノルル市は更なる感染を防ぐため、一部の患者の家屋を焼き払った。ところが、折からの強風に煽られて火が四方八方に広がり、瞬く間に隔離地域全体に延焼してしまった。罹災者総数は約一〇、〇〇〇人で、そのうち日本人約三、五〇〇人は、着の身着のままの状態で臨時避難所に入った。この時、日本人慈善会は、奥村ホーム（日本人寄宿舎）や日本人経営の旅館で罹災者のための炊き出しを行った。臨時に組織された婦人会は、斉藤幹総領事（当時は代理）の妻豊子を会長として募金活動を始め、女性にはネルの衣服を、男性にはズボンを配給した。

奥村は避難者の隔離先に出入りし、日本人慈善会を代表して配給物を配った。また単独で日本人罹災者の人数を調べた。日本人慈善会は日本人の医会と協力して、応急処置に全力を尽くした。

日本人慈善病院の設立

　ペスト発生とホノルル市大火災によって、日本人慈善会は付属病院の設立を急いだ。日本人慈善病院準備委員会は、一九〇〇（明治三三）年三月に「日本人慈善病院設立の趣意書」を発表し、設立基金の募集を始めた。一ヵ月で日本人内外から五、六〇〇〇ドルを超える金額が集まり、準備委員会は仮病室を建てる一方で、カパラマ地域に約一エーカーの土地を購入し、病院建設工事に着工した。

　一九〇〇年七月に、総工費三、一〇〇ドルをかけた日本人慈善病院が落成した。院長に毛利伊賀が就任し、八月には最初の入院患者を迎え入れた。同月末には日本語新聞『やまと新聞』が、日本人慈善病院規則と入院者心得や訪問者心得などの細則を掲載した（『やまと新聞』一九〇〇年八月二八日）。篤志の医師が支払い能力のない病人の治療にあたり、必要な場合は入院させた。それと並行して自費入院患者も受け入れた。一ヵ月の入院費用は三〇ドルであった。

一九〇一（明治三四）年には日本人慈善病院の維持基金のために、斉藤幹総領事、森岡真（移民会社森岡商会）、松岡達三郎（広島海外渡航移民会社）、毛利伊賀らが基金募集委員となってハワイで募金活動を展開した。日本では賛助委員の佐野常民（日本赤十字社）、石黒忠悳《ただのり》（陸軍軍医総監）や発起人の安藤太郎（初代ホノルル総領事）、島村久（元ハワイ総領事）、岩井禎三（ハワイ政府移住民局日本人部初代医長）、日向輝武（広島海外渡航移民会社、衆議院議員）、山口熊野《ゆや》（熊本移民会社、衆議院議員）、濱中八太郎（日本移民合資会社）、内田重吉、岡部次郎らが協力して寄付を募った[38]。日本とハワイの民間協力プロジェクトだった。

奥村ら役員は、悲願の日本人慈善病院を開院し運営を軌道に乗せた後、一九〇一年九月に総辞職し、毛利伊賀を長とする新役員会にすべてを任せた。奥村自身、会長や副会長などの名のつく役職が好きではなく、一八九七（明治三〇）年に先頭に立ち再興させた布哇禁酒会でも、数ヵ月で諸事を確立させ、速やかに会長職を辞任していた。

一九〇二（明治三五）年に、移民会社が共同でリリハ街の小林病院（通称日本人病院）を買収し、日本人慈善病院に寄付したため、日本人慈善病院は同年七月末日までにリリハ街に移った。小林病院は、一八九六（明治二九）年からベレタニア街で診療を行っていた小林参三郎医師が、一八九九（明治三二）年六月に新たに建設した二五室を有する三階建ての病院であった。一九〇〇（明治三三）年一〇月に小林が一時ハワイを離れ、以後慈善会が管理していた。因みに小林は一九〇三（明治三六）年一一月にハワイに戻り、日本人慈善病院を手伝った。

一九一八（大正七）年に、日本人慈善病院はホノルル市内クアキニ通りに完成した新館に移転した。ホノルルメソジスト教会の本川源之助牧師が、一九一七（大正六）年に帰国して集めた募金も、新築資金の一部に充てられた。

日本人慈善病院は、一九二五（大正一四）年に二世女性の職業訓練として日本式の実習を取り入れた看護学校を開校した。日本語による医療機関は、母国を離れた一世には有り難いものであった。また、一九三〇（昭和五）年には、生活支援を必要とする高齢の単身男性一世のために、附属老人ホームも開設された。日本人移民社会における男女数の不均衡により、家庭を持たない日本人男性も少なくなかった。やがて一世は少なくなり、一九五五（昭和三〇）年に日本語使用の看護学校は、その役目を終えて閉校した。

日本人慈善病院は、日米開戦後「クアキニ・ホスピタル」と改名され、戦時下の米国軍官民の医療と救護に使われた。この間に使用言語が日本語から英語となり、同病院から日本語のカルテが消えてしまった。戦後は米国政府の寄付と援助を受けて、さらに大きな病院へと発展し、ハワイ日本（系）人社会における最大の社会事業に成長している。

4　暗黒街掃蕩運動

日本人売春婦

一八八六（明治一九）年三月に、安藤太郎初代総領事は着任後初めての日本人移民の視察を行った[39]。各島の耕地で偽装夫婦を発見した安藤は、売買春を懸念し、すぐにハワイ政府移住民局特別代理人兼駐日ハワイ公使のロバート・W・アーウィンを通じて、日本政府に厳重な取り締まりを通達した。広島県は直ちに、募集の際に厳密な身上調査を行うことを決めた。

日本政府外務省は、一八八七（明治二〇）年から広島、山口、熊本、北海道、奈良、香川を除く四一の各県知事に移民募集時の厳重な身元調査を勧告する一方で、広島、山口、熊本の各県には別途の特別な取締り対策を準備した。また横浜港を有する神奈川県沖守固知事は、移民の氏名詐欺者に関して厳重な調査を始めた。

日本政府は厳重な偽装夫婦の取り締まりを行い、健全な日本人移民社会を作ろうとしたが、一八九一（明治二四）年の第一五回移民（三月一一日着山城丸、一、〇九三人）、第一六回移民（三月三〇日着近江丸、一、〇八一人）、第一七回移民（四月二八日着山城丸、一、〇九一人）には偽装夫婦が目立った。マウイ島ハナ耕地に就業した第一六回出稼ぎ夫婦一五組中、一四組までが偽装夫婦であり、到着後一、二週間で売春を始める偽装妻もいた。ホノルル総領事館は、各地に就業している第一五回以降の移民の偽装夫婦調査を行ない、日本政府外務省に報告した。

一八九一年六月二五日には、日本政府榎本武揚《たけあき》外務大臣が、第一五回から第一七回までの移民船で多くの偽装夫婦を送った広島県、山口県、熊本県の各知事に、偽装夫婦の渡航防止のため原籍、住所、姓名などの調査を行うように通達した。広島県では出稼ぎ人夫婦は結婚後一年を経過したものに限り、全員が原籍を添付した証明書を添えることを義務付けた。このようにハワイ政府移住民局、日本外務省、県庁などが慎重に移民を派遣したにもかかわらず、偽装夫婦は絶えなかった。

一方で、耕地労働を目的に夫婦で渡航したものの、無頼漢に騙された女性や、夫の博奕の借金返済のために売られた正妻もいた。また単身女性の渡航が困難であったため、一時的に男性労働者と偽装夫婦となって渡航する耕地労働希望の女性もいた。一八八七（明治二〇）年には正業に就くため偽装結婚をして渡航した女性が、結果的に偽装夫に全収入を略奪され、虐待を受けたため、裁判をして離婚する事件が起こった。しかし離婚は成立したものの、この女性も生活のため、最終的には「売春婦」となった。日本人が増加するに連れて、売春を始める日本女性が多くなり、耕地によっては売買春の小屋が開かれた。

ホノルル・ダウンタウン

一八九〇年代に入ると、ハワイ各地の耕地を離れ、ホノルルやヒロなど都会へ進出する日本人が増えた。ホノルルでは日本人社会が大きくなり、ダウンタウンのチャイナタウン隣に日本人の醜窟が出現した。そこでは「日の出倶楽部」や「義侠倶楽部」など二〇〇人ほどの組員を抱えた任侠組織が、昼夜営業の賭博場や売買春宿を開いた。

耕地を出てホノルル近郊で仕事に就いた善良な日本人労働者の中にも、無頼漢によって飲酒賭博に引き込まれるものもいた。賭博で作った借金のため妻を売り、自分自身も人道的、経済的破滅をもって、無頼漢と化す男もいた。

奥村多喜衛が赴任したホノルル日本人基督教会はホノルル・ダウンタウンの上手にあった。下手には日本人の商店が立ち並び、上手と下手の間に暗黒街が広がっていた。奥村は一八九四（明治二七）年のハワイ到着直後に、初めて見たダウンタウンの模様について次のように書いている。

其頃のパウアヒ街はヌアヌからリバーまでであった。図面に×のマークのあるのは醜業婦の張り店である。パウアヒ街全体及びヌアヌ、スミス、マウナケア、リバー街などにも其所此所に×があって。

当時醜業婦の数は二百名に近く之に付随する嬪夫は三百名と称えられた。私は上陸間もなく一夕友人に伴われてヌアヌ街を散歩し。パウアヒ街辺に来ると。友人は白いホローク（土人の常服）を着た婦人が軒下に立ち並んで居るのを指して彼等は醜業婦であると私に告げた。私は其時是非ともこれを排除して我国家の恥辱を潔めねばならぬと覚悟した。其後機会があって醜業を営んで居ると云う婦人と

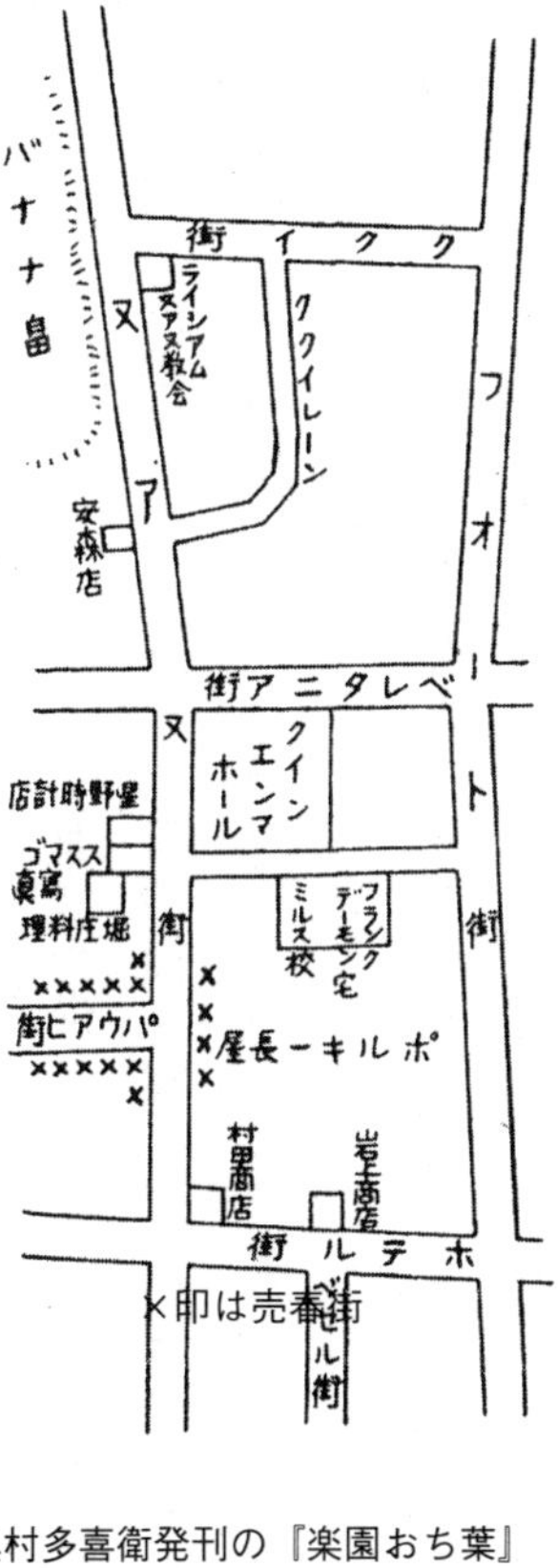

奥村多喜衛発刊の『楽園おち葉』（第一籠、1941年）に収録されている1894年のホノルルダウンタウン

其夫に会うた時。懇に正業に就かんことを勧めたが。彼曰う耕地の労働者は大の男で一ヵ月十五弗ほか得ないではないか。女の身で月二百弗内外儲ける。大きく云えば国を富ます愛国者ではないかと。私は聞いてあきれてものが言えなかった。（A『楽園おち葉』第一籠）

ヌアヌ街から東には米国人街、西は中国人街と日本人街があり、ククイ街から北のヌアヌ街には、J・T・ウォーターハウス、W・W・ホール、サミュエル・デーモン、ジャッド判事などハワイの政財界要人の邸宅が並んでいた。エマ女王の旧宅クイーン・エマ・ホールには幼稚園があり、フランク・デーモンの邸内では中国人を対象としたミルズ・スクールが開校されていた。一方、近隣のパウアヒ街やポルトガル人長屋では売買春宿が営業され、日本人の売春婦は毎月一六〇ドルから二〇〇ドルの収入を得ていた。

一八九五（明治二八）年一〇月の時点で、ホノルル・ダウンタウンには約八〇人の日本人売春婦がいた。そのうち三七、八人は警察署への手続きを経て営業を行う、いわゆる「公認売春婦」だった。

警察は売春婦達に夫の有無を訊問し、医師の診断を受けさせた。彼女達は一人あたり三〇ドルの初診料を医師に払い、健康証明書の交付を受けた。その後は一ヵ月に七ドルから八ドルの診察料で毎週水曜日に検診を受け、「無病」の鑑札を受けて営業した。また夫帯者や医師への診察料が払えないものは、公認営業ができず、無認可で売春を行った。中には病弱な夫を抱え、一家の大黒柱として売春を生業とする女性もいた。

彼女達の背後の無頼漢は、脅迫、誘惑、強奪、人身売買を繰り返し、善良な市民を怯えさせた。無頼漢に脅迫されて被害にあった商店や人々の訴えを、見て見ぬふりをする警察官もいた。暗黒街は野放図状態で、泣き寝入りする被害者も少なくなかった。

奥村は、ハワイの日本人の売買春や乱れた男女関係について、一八九五年と一八九七（明治三〇）年に『基督教新聞』紙上で日本の人々に報告した。

（略）聞く香港或は新嘉坡の如きは我邦の醜業婦人甚多く皆な醜業の目的を以て自ら渡航し若くは之が為め送られたる者なりと布哇に於ける醜業婦は大に之と事情を異にし其醜業を目的として渡来せしもの殆ど稀なるが如し嘗て一婦人自己の来歴を語るを聞けり彼の夫は仕立屋なりしが不幸にして夫妻共に病に臥し業を廃すること数月少許の貯金を費し蓋し且多少の債を負う債主数々督促又日に生計に困す終に貧究に迫られ夫に強ひられ言い難き恥と苦を忍び面を掩うて此厭うべき業を始めしが度を重ぬるに随い漸々羞悪の念去り路傍に客の袂を曳くも敢て辞せざるに至れりと其他数人の事情を聞きしに其来歴略相似たり英国評論の評論記者ウィルリアムステド米国シカゴ府醜業婦の情態を観察し其堕落の原因を無知（ignorance）貧究（poverty）不遇（misery）の三者に帰せしが今布哇に在る我邦醜業婦

も亦初より好で之をなすものにあらず或は無知にして之に陥り或は貧究若くは数奇に逢遇し恥を忍び涙を呑て身を不潔の業に委し終に再び足を洗う能わざるに至れるものなり（中略）嗚呼吾人専ら教化に任ずる者彼等の堕落の原因なる無知、貧究、不遇の三者より救い出すの方法を講じ一日も早く彼等をして正業に復せしむる事に尽力せずんばあるべからず。（D『基督教新聞』一八九五（明治二八）年一〇月一八日号「布哇通信」）

奥村には「何とかしなければ」の思いがあった。

英字新聞からの攻撃

一八九六（明治二九）年一月三〇日と三一日にホノルルの英字新聞『アドバタイザー』紙は、ポルトガル人部、中国人部、ハワイ人部、日本人部などを持つ幼稚園（ヌアヌ街のクイーン・エマ・ホール）から目と鼻の先に日本人売買春街があり、そこに衛生局の認可を受けた日本人売春婦が六一人もいるのは、教育上忌々しき問題であると書いた。翌日は日本語新聞も日本人暗黒街について批判した。

奥村はすぐにホノルルの総領事館を訪ね、売買春街の対策について相談した。しかし総領事館側はハワイ政府衛生局の動向を見ると答えただけで、何の行動も起こさなかった。

やがてWTCU（米国系女性矯風会）が動き始めた。そしてハワイ伝道会社のセオドー・リチャーズ、セントラル・ユニオン教会のキンケード牧師ら米国人が先頭に立ち、パウアヒ街とスミス街の暗黒街移転嘆願書への署名運動を始めた。セオドー・リチャーズは、サンフランシスコから移ってきた林徹に、日本語の嘆願書作成と日本人の署名集めをさせた。日本人の有力者や移民会社社員、京浜銀行行員らとともに、奥村も署名した。

この署名運動に憤った無頼漢達は、林をダウンタウンのマーチャント街で拉致し、暴行を加え、嘆願書を盗んだ。そして嘆願書にある日本人の家に押し掛け、脅迫した。奥村の家にも一四、五人ほどの無頼漢が棍棒を持って怒鳴り込んできた。

この時セオドー・リチャーズは、彼らの暴挙を法律によって罰そうとした。しかし、奥村は賛成しなかった。罰ではなく根本的解決が必要と考えたからだった。

奥村は首謀の上村林之丞《かみむらりんのじょう》を自宅に呼びつけ、厳重な注意を行った。上村と奥村は、ホノルル日本人小学校の保護者と校長の関係だった。最初は全く耳を貸さなかった上村も、奥村の根気ある説得に次第に折れ始め、遂には嘆願書を返却してきた。奥村がその嘆願書をリチャーズに返し、ホノルルにはしばしの平穏が戻った。

ホノルル・ダウンタウンの大火

一八九六（明治二九）年一〇月に、ハワイ政府は売買春取り締まりのための「コナン規則」を発表し、売買春地区を北はベレタニア街から南はキング街まで、西はヌアヌ川から東はヌアヌ街までに制限して、違反した場合は鑑札を没収し、五〇ドルの罰金を課すことになった。その時のハワイ政府の主張は、売春婦は哀れむべきものであり、悪いのは背後の男達である、彼らを検挙するために、営業を狭い範囲に制限し、無職業や放浪罪で逮捕、投獄するというものだった。

一九世紀末のハワイは、米国系社会への移行期にあった。ハワイ王朝は、一八九三（明治二六）年一月のリリウオカラニ女王の退位で終わり、代わってサンフォード・ドール大統領によるハワイ仮政府が樹立され、一八九四（明治二七）年七月には正式にハワイ共和国が誕生した。一八九八（明治三一）年にはハワイの米国属領が決まり、一九〇〇（明治三三）年から施行されることになった。

日本人暗黒街に対して、ハワイ米国人社会を代表する『アドバタイザー』紙が行った攻撃は、ハワイが長年文教地区と売買春地区の混在を容認していた「ふしだらな社会」から、「ピューリタン的米国系社会」へと移行している証でもあった。

このような世論を背景に、一八九八年夏には、売春婦を一掃して米布合併後はそれを一気に廃止しようという気運も生まれた。同年秋には日本人間でも、日本人売春婦の廃業についての話題が出始めた。しかし、実際のところ、暗黒街掃蕩は順調には進まなかった。

契機となったのは、一九〇〇年一月のペスト焼き払いによる大火だった。一月一日、四日、六日、一一日、一二日、一四日、一六日と、ホノルル市当局によって連続的な焼き払いが行われた。一月二〇日に行われたベレタニア街マカピリ教会裏手の焼き払いは、強風に煽られダウンタウン全体を巻き込む大火となった。中国人街や日本人街も被害に遭い、日本人罹災者約三、五〇〇人は、ハワイ政府が急設した収容所に入った。

この時奥村は、罹災者収容所に入った売春婦と暗黒組織の男達に関する調査を行った。セオドー・チリャーズは婦人矯風会とともに、無頼漢達の日本への強制送還運動を始めた。日本人社会からも奥村ら数人がこの運動に参加した。

やがて暗黒組織の三二人が恐喝などの罪で逮捕されたが、すぐに保釈金一、〇〇〇ドルを積んで自由の身となった。そして自分達の機関紙『新日本』において「何ぞ、奥村多喜衛を排除せざる」と呼びかけ、猛烈な奥村攻撃を始めた。

一方で保釈中の男達の裁判が始まった。しかし多くの被害者が後患を恐れ、証言台に上がることを拒んだ。そのため勝訴の見込みもなくなり、告訴は取り下げられた。

ところが、かえってそれが無頼漢達に、更なる証拠収集工作との深読みをさせた。徐々に、他島へ転住するもの、正業に就くもの、また帰国するものが増え、遂に暗黒組織は弱体化した。これが第一回ダウンタウン掃蕩運動の顛末である。

新売買春街の誕生

第一回ダウンタウン掃蕩運動後間もなく、日本移民会社の増田知次郎が米国人と共同出資でヌアヌ川西のイヴィレイ街に約二五〇部屋を持つ貸家を建てた。警察の許可を受けて売買春宿経営を始めるためだった。

新しい売買春地区は、教育上、風紀上、売買春街を一箇所に集中させる目的で、政府が定めた区域でもあった。このような地域指定は、当時オアフ島にいた約八、〇〇〇人の独身米軍人のための「必要的罪悪」として売買春が容認されている証拠であった。そして同地区の売買春業者とハワイ政府との間には金銭授受があるらしいとも噂された。その頃のハワイ政府衛生局登録売春婦一四七人のうち、一三五人が日本人であった。

今回は、日本伝道の経験があるクリスチャンチャーチのアズビル牧師と太田乙彦伝道師が先頭に立った。彼らは新売買春地区に近いハワイ人の旧教会堂を借り受け、ほぼ毎夜、伝道説教を行った。

奥村も開業医の三田村敏行と協力し、矯風活動を目的として発刊した『ほのるる新聞』（奥村多喜衛発行、三田村敏行社長）紙上で売春婦、暗黒組織、増田知次郎らをあらゆる手で攻撃した。同紙の主筆木村芳五郎は、暗黒街組織「十弗倶楽部」の悪漢に襲われる危険を感じ、常に護身用のピストルを携帯したほどだった。

やがて日本語新聞『布哇《ハワイ》新報』（志保沢忠三郎発行）も紙上攻撃に加わり、日本人社会も、売買春宿や暗黒組織に対して反対を唱え始めた。この時、セオドー・チリャーズや婦人矯風会員は、後方支援を行った。

一九〇〇（明治三三）年八月末にアズビルがブラウン高等検事を訪ね、イヴィレイ街の日曜休業問題を訴えた結果、ホノルルでは日曜日の売買春街閉鎖の動きが始まった。一般市民からの非難も高まり、ついに暗黒街閉鎖の法令が下った。徐々にイヴィレイ街の売買春醜屈が衰退し、やがて消滅した。このイヴィレイ街一掃運動が、第二回暗黒街掃蕩運動と呼ばれる。

奥村は、「わしは命を棄てとる」と体を張って日本人暗黒街掃蕩運動を行った。正義のために体を張る。そんな奥村は「悪の掃蕩運動の主導者」と称された。

5　家族

家族呼び寄せ

奥村が到着した頃のハワイ日本人移民社会は、まるで「旅の恥はかき捨て」状態だった。かくいう奥村も、ハワイ伝道会社と三年契約の「出稼ぎ牧師」であり、契約終了後には帰国する身だった。

一八九六（明治二九）年一〇月初旬に、奥村は一週間の休暇を与えられた。秩序ある日本人社会を築くためには、自らも永住し、生涯をハワイ伝道に捧げる必要があると思い始めた頃だった。教会を離れ友人の家で休み、過去を顧み、将来を考えた。数日間の沈思の後、永住を決意した［40］。

すぐにハワイ伝道会社のO・H・ギューリック師を訪ね、永住の決意を打ち明けると、師は非常に喜んだ。そしてハワイ伝道会社からは、家族呼び寄せのための帰国費用が支給されることになった。

船一便を逃すと暫く待たなければならず、また片道の航海に約二週間を要する時代だった。奥村は、一〇月一〇日にホノルルを発つ小型船マンモウスシェアー号に「飛び乗って」、日本に向かった。奥村が大阪の家族に帰国を知らせたのは、一〇月二四日の横浜上陸後だった。電報を受け取った家族は、「病気か」、「解雇か」と心配した。

大阪に帰り事情を話した後、妻の元に残していた母と祖母を高知に連れ帰った。それぞれを弟大脇克佶《かつき》と従兄弟の小栗正気《まさとき》に預けた後、大阪に引き返し、一家移住の準備にかかった。そして一一月二四日には妻カツ、長男梅太郎、次男春樹、三男尚樹の四人を連れて横浜発チャイナ号に乗船し、一二月三日にホノルルに戻った。目まぐるしい帰国だった。

永住後、奥村の生活は変わった。

初は三年の間に大した失策を為さない様にと注意しつつ働いたが、愈々永住土着と腹を決めたからは、静かに同胞の将来を念じ進んで其発展を図らんには、是も為さねばならぬあれも為さねばならぬと色々の必要事件が沸いてくるが、何れに十年経ても二十年三十年過ぎても動かない様に為さねばならぬと考える様に、私自身の精神態度が全く変わって来た。（A『楽園おち葉』第八篭）

奥村は日本人社会の基盤作りが必須であると考え、伝道事業の傍ら数年の間に寄宿舎の運営、青年会組織、慈善会の復活、禁酒会の再興、矯風活動、機関紙発行などを手がけた。

奥村カツ

奥村は一八八七（明治二〇）年一月一五日に小川カツと結婚したにもかかわらず、同年秋には「生還できない覚悟」で三大事件建白運動参画のために上京した。家族記録から逆算すると、当時、カツは身重の体であり、今生の別れを覚悟して夫を送り出し、一八八八（明治二一）年一月一七日に、夫不在のまま長男梅太郎を出産したことになる。結局、奥村は同年二、三月頃に大阪のカツの元に戻り、その年の秋に妻とともに受洗した。

ハワイ赴任直後の奥村は、衰退していた日本人禁酒会を再興するために、人々に禁酒を呼びかけた。その中で「受洗前には酒を飲んで暴れて妻を困らせた」（B1『奥村多喜衛説教日記』）という言葉を語っているが、全くその通りと言わざるを得ない。そして夫の我侭を許して、彼を三大事建白運動へ送り出したカツは、辛抱強く柔順な妻以外の何ものでもなかった。

奥村夫妻銀婚式1912年（初代マキキ教会）

カツはハワイ到着直後から、奥村家だけでなく、寄宿生の母親ともなった。常に七〇人から八〇人、多い時には一六〇人もの寄宿生を預かり、毎日彼らを学校に送り出した。そしていつも粗末な着物を着て、朝から晩まで給仕、掃除、子守に忙しく働いた。初対面の人は、カツが牧師夫人であると気づかなかった。

奥村多喜衛・カツ夫妻は、一九一二（明治四五）年一月一五日に結婚二五周年を迎えた。同月一八日には、キナウ街のマキキ教会に四〇〇〇人を超える日本（系）人内外の人達が集まり、夫妻の銀婚式を祝った。銀婚式記念に、教会員から世界一周の旅と六ヵ月の休暇を贈られた奥村は、米国本土、ヨーロッパ、アフリカ、アジア、日本を旅し、半年間ハワイを留守にした。その時もカツが寄宿舎を守った。

一九三七（昭和一二）年三月二〇日には、奥村夫妻の金婚式が、五〇〇人の参列のもとペンサコラ通りのマキキ聖城基督教会教会堂で祝われた。一九四〇（昭和一五）年七月二六日には、奥村ホーム卒寮生とその家族約三〇〇人がハワイ全島から集まり、奥村夫妻を囲んで、奥村ホーム創立四四周年の記念謝恩会を開いた。第一期生の時岡文治医師が同会実行委員長を務めた。

一九四一（昭和一六）年日本軍の真珠湾奇襲後、カツはニューヨークの娘達の家族や寄宿生の食事を心配し続け、遂に倒れた。心臓が弱っていた。そして一九四二（昭和一七）年三月五日、七四歳の誕生日直前に深い眠りに就いた。五五年間、夫と家族を支えた人生だった。

多くの事業をなした奥村多喜衛には支援者も多く、同時に敵も多かった。しかしカツには敵が一人もおらず、全ての人がカツの内助の功を称えた。

ところで、奥村夫妻は日本で三人、ハワイに移って一〇人の子どもを授かったが、そのうち六人を死産や夭逝で失った。ハワイにおいては、一八九九（明治三二）年と一九〇三（明治三六）年に女児を死産で、一九〇六（明治三九）年に七男大樹を一才で失っている。また日本では、次男の春樹、三男の尚樹、四男の敏樹を失った。三人とも奥村ホームに預かった子どもを通して結核に感染し、日本に帰国し療養に専念したが、尚樹は一九〇八（明治四二）年八月に、春樹は翌年一二月に相次いで倒れた。そして四男の敏樹も一九一六（大正五）年九月に亡くなった。

多忙な奥村は、息子達の葬儀のために日本に帰ることはなかったし、彼らの死について多くを語らなかった。しかし決して悲しみが小さかったわけではない。後年、彼は次のように述べている。

一度ならず、二度三度これでもかこれでもかと鞭打たれた。大抵のことには弱ったことなき余も是には弱らざるを得なかった。余は朝から晩まで休みなく働いて悲哀を忘れるべく努めたが、夜更け人静まれるとき涙に枕を濡らしたことが数度あった。（A『恩寵七十年』一〇五頁）

奥村は日本にいた三人の息子達が、あのまま消えてしまったと思うことができなかった。先に逝った子ども達とは遠からず天国で会える。その時、立派になっている彼らを見るという希望が親の自分にはあると信じ、毎日を精一杯生きた。

以下は奥村多喜衛一家の記録である。（マキキ聖城基督教会所蔵、奥村家『聖書』、ホノルル市ヌアヌ墓地内奥村家墓碑銘を元に作成）

父　奥村多喜衛　一八六五年四月一八日―一九五一年二月一〇日
母　奥村カツ　一八六八年三月二一日―一九四二年三月五日
長男　梅太郎　一八八八年一月一七日―一九五三年九月二八日
次男　春樹　一八九〇年二月一二日―一九〇九年一二月三一日
三男　尚樹　一八九二年九月一二日―一九〇八年八月五日
四男　敏樹　一八九七年一〇月二日―一九一六年九月三〇日
五男　冬樹　一八九九年一〇月二八日―一九六〇年一月一日
一女　（冬樹の双子で死産、一八九九年一〇月二八日）
長女　初枝　一九〇二年五月四日―米国本土で死去　松尾姓
次女　次枝　一九〇二年五月四日―米国本土で死去　増井姓
一女　死産　一九〇三年
六男　又樹　一九〇四年四月六日―一九七一年二月一日
七男　大樹　一九〇五年一一月二二日―一九〇六年一一月

一八日

三女　芳枝　一九〇七年一一月二七日―一九六八年九月二〇日　西尾姓

八男　末樹　一九一一年二月九日―二〇〇七年一月八日

第三章　排日の嵐の中で

1　日本人ＹＭＣＡ

新ＹＭＣＡ会館建築計画

一九世紀末のホノルル日本人基督教会には、商店、米国人家庭、銀行、会社などに勤務する青年達が通った。その中には同教会付属「英語夜学校」の生徒もいた。彼らの殆んどが独身であり、家庭の団らんを味わうことはなかった。奥村は牧師館を開放して、若者達を迎え入れた。時には一つのベッドに三人が泊まっていくこともあった。

やがて彼らから、青年会（ＹＭＣＡ）を組織したいとの声が上がった[41]。日本人のＹＭＣＡは、一八八七（明治二〇）年に美山貫一によって組織されたが、その後の実態はなかった。奥村らは話し合いを重ね、日本人YMCAの再興が決まった。

一九〇〇（明治三三）年五月に、日本人や米国人など約三〇〇人が参加し、ホノルル日本人基督教会で日本人YMCAの発足式が行われた。当時のハワイ共和国サンフォード・ドール大統領からは「新しいYMCAが青年の品性建設に尽し、さらに日布両国民融和親善のための架け橋となるように」（A『楽園おち葉』第七籠）との祝辞が寄せられた。やがて多くの日本人が加入し、同YMCAは社会教育の場となった。

一九一二（明治四五）年に、日本人YMCAはハワイのYMCAを総括するホノルル市YMCA本部の傘下に入った。同時に活動を拡張するために、日本から主事を迎え、スミス街とホテル街角のビルの二階に会館を構えた。すでに日本人YMCAの活動には、ハワイ生まれの二世も参加していた。

一九一六（大正五）年に、日本人YMCAはアジア系人対象のYMC

Aに拡大され、それに伴って新会館の建築が決まった。ホノルル市のYMCA本部は、その用地として現在ヌアヌYMCAがあるフォート街とヴィンヤード街の角地を入手した。

実業家、前知事、弁護士、教育者などハワイ社会の米国人有力者が委員を努めるYMCA本部は、新会館建築資金一〇万ドルのうち一万ドル（当時の約二万円）を、日本からの募金で賄うことに決め、募金活動を奥村に託した。彼らは、日本に出発する奥村に次のような激励文を贈った。

我々は君が二四年間ハワイにおいて立派な働きをしている真実を知っている。それゆえに君がこの使命を果たす人物として最適であり、日本と米合衆国との親善なる関係を増進すると信じている。我々は、多年献身的に働きをなし、当地で信用を得ている君が日本に於ても同様の信用を以って迎えられるべきことを信ず。一九一七（大正六）年八月一七日（A『楽園おち葉』第七篭）

日本での寄付集めは容易ではない。為替レートの問題もあった。しかし奥村は、募金活動を日本の人々にハワイ日本人社会の実情を知らせる絶好のチャンスと捉えた。そして、出発前にハワイと日本人移民社会事情を紹介する『太平洋の楽園』を書き上げた。

渋沢栄一との出会い

奥村は一九一七（大正六）年八月二八日にホノルルを出発した。今回の帰国では、奥村の双子の長女初枝と次女次枝を同志社へ留学させるという目的も持っていた。

奥村親子は九月八日に横浜に着いた。九月九日は奥村の受洗記念日にあたる。彼は娘とともに、一八八七（明治二〇）年に初めて礼拝を体験した富士見町教会（旧一番町教会）で聖日礼拝を守った。翌日にはハワイ伝道の後、東京で印刷業を営んでいた五味鐶《かん》に会い、『太平洋の楽園』

の印刷を依頼した。九月一二日には京都へ向かい、娘達を同志社女学校へ入学させた。奥村と交友がある同校の米国人宣教師ミス・デントンを頼ってのことだった。

九月一五日に東京に戻ると、手紙を送っていた森村市左衛門（ノリタケカンパニー創立者）から「会いたい」との伝言が届いていた。日本の陶磁器を世界に送り出した森村は、晩年クリスチャンとなり、国利民福を図るため、伝道活動に東奔西走していた。森村は温厚、優雅、謙遜の人だった。彼はＹＭＣＡ会館新築のための寄付を約束し、成瀬仁蔵日本女子大学学長を介して、日米関係委員会の渋沢栄一会長に奥村を紹介した。

九月二五日、奥村は渋沢栄一を訪ねた。渋沢は実業界から引退し、慈善や国際協力の活動を行っていた。手紙での挨拶はしていたものの、初対面の渋沢が、ハワイの基督教社会事業に興味を持つかどうか心配された。

奥村は一時間半にわたり、ハワイ日本人移民の歴史と現状、米国本土の排日運動がハワイ日本（系）人に及ぼす影響について話し、最後に、将来のハワイ社会を担う若者のため、ＹＭＣＡ会館の新築計画が進行中であることを伝え、寄付を求めた。渋沢は快諾し、奥村を一〇月一日に開催予定の日米関係委員会に招待した。

日米関係委員会には、東京商業会議所頭取の中野武営をはじめとして金子堅太郎、坂谷芳郎、森村市左衛門、大倉喜八郎、島田三郎、姉崎正治、添田寿一、頭本元貞らが出席していた。奥村のハワイ日本（系）人社会の話の後で、多くの質問が出された。そして、委員全員がＹＭＣＡ会館建築資金への支援を約束した。

その後、渋沢の紹介で寺内正毅総理大臣、本野一郎外務大臣、後藤新平内務大臣に面会し、ハワイ日本（系）人移民社会の実情を説明した。さらに日本銀行、横浜正金銀行、東洋汽船、大倉組、服部金太郎、日本郵船、日本興業銀行、台湾銀行などを訪問して寄付を依頼した。

時折、奥村の訪問に不快感を示す人々もいた。彼らにとって、ハワイは貧民の出稼ぎ先に過ぎなかった。ところが、一旦奥村が説明し始めると、その顔色が変わった。日米関係問題の根源が、ハワイ日本（系）人移民社会にあると理解しはじめた証だった。

渋沢は奥村に「君に由って初めて布哇の実情が有力者の間に了解された。結果必ず意外に大なるものになるであろう」（A『楽園おち葉』第七籠）と言った。実際、奥村の話が日本の政財界人に与えた影響は小さくはなかった。

奥村は、残りの募金活動を渋沢に任せて、一二月三日に横浜を出発した。後日、渋沢からは二万五千円が送金されてきた。ＹＭＣＡ会館新築のための募金活動以来、渋沢は日本における奥村の最大の理解者となった。

2　二〇世紀初頭のハワイ社会

仏教系学校への風当たり

日本仏教の本格的なハワイ開教は一八九七（明治三〇）年、西本願寺によって始まった。同年、西本願寺は正式に開教師を派遣し、一八九九（明治三二）年には今村恵猛《えみょう》開教総長が着任した。以後、本派本願寺として青年会や婦人会、日曜学校を含む開教活動が活発になった。一九〇〇（明治三三）年頃には東本願寺、日蓮宗、曹洞宗の布教も始まっていた。

一九〇二（明治三五）年には、ハワイ各地で本派本願寺附属日本語学校が創立された。多くの仏教系学校の開校で、それまで通っていた学校から、仏教系学校へ転校する生徒も続出した。親の意向だった。日本（系）人社会の動向を見抜いた耕地会社は、耕地に就労している親達を満足させ、労働能率を上げるため、耕地内での仏教系日本語学校設立に協力した。

その頃米国本土では、契約を解かれてハワイから転航した多くの日本人が、低賃金重労働に従事した。それが米国人の大量失業を招く結果となり、やがて激しい日本人排斥運動が台頭した。そのため一九〇八（明治四一）年には、日本政府が米国政府とルート高平紳士協定を結び、日本人の米国移住を制限した。しかし排日運動は沈静化しなかった。

ハワイでは相変わらず、天長節には多くの日系児童が公立学校を休み、日本語学校の拝賀式に出席し、天皇の肖像画に礼拝していた。やがて、親日家が多いハワイ米国人社会からも、日本語学校が日系米国人児童の米化を妨げているという非難が聞かれはじめた。とりわけ仏教系日本語学校は、二世に日本への忠君愛国を教え、民主主義に反する封建思想を植え付けていると解釈され、批判された。

一部の仏教系学校は、「日本人学校」という名称を「日本語学校」や「日本語学園」と改称したが、それだけでは根本的な改革とはならず、米国人社会からの偏見も払拭できなかった。日本語教育の先駆者として、奥村は日本語学校の将来を心配し、責任を感じた。

事態を憂慮した本願寺小学校校長大内民恵は、宗教を超えて各学校の校長や指導者に呼びかけ、一九一五（大正四）年にハワイ教育会を組織した。そしてハワイ教育会は日本語学校の方針を「日本的教育」から「日本語教育」に変え、日本の文部省検定教科書の使用中止を決定した。

伏見宮記念奨学会

一九〇七（明治四〇）年に、伏見宮貞愛《ふしみのみやさだなる》親王が英国訪問の途中でハワイに立ち寄った。宮様の来訪とあって日本人は喜んで奉迎委員会を組織し歓迎した。伏見宮貞愛親王からは、奉迎委員への返礼に酒肴料二〇〇ドルが届いた。

下賜金の有効利用について、奉迎委員の奥村多喜衛、相賀安太郎（『日布時事』社長）、今村恵猛（本派本願寺総長）、灰田勝五郎（医師）ら一九人が集まり話し合った結果、宮号使用の承諾を得て「伏見宮記念奨学会」

を組織することになった。「伏見宮記念奨学会」は更なる募金を集め、日本語学校の学業優秀者や各学校への賞与、教育大会開催への支援などをはじめた。奥村は書記兼会計を担当した。

一九一六（大正五）年、伏見宮記念奨学会はハワイ教育会と協力して国語学者芳賀矢一を招き、二世教育に似合った日本語教科書編纂事業に取り組んだ。奥村も編纂に加わった。資金には旧移民会社が移民から帰国費用として預かり、総領事館に寄託していた一万ドルと、新たに一般から募集した寄付金が充てられた。

ところが、でき上がった教科書からは「忠君愛国」の四文字が消えていた。そのため、「どこまでも大和魂を突き通せ」と考える日本人から激しい攻撃が起こり、伏見宮記念奨学会幹部の毛利伊賀、原田助《たすく》（同志社総長を経てハワイ大学教授。日米関係委員）、相賀安太郎、奥村多喜衛は矢面に立った。中でも、日本語教育の創始者として奥村多喜衛への攻撃は厳しかった。

一九二〇（大正九）年から一九四三（昭和一八）年まで、伏見宮記念奨学会は日系学生の奨学金として、毎年三〇〇ドルをハワイ大学へ寄付した。同会の解散が決まった一九四三年には、その後の奨学金への充当を条件に、会の所持金すべてをハワイ大学に寄付した。奥村の提案によるものだった。解散とともに、伏見宮記念奨学会がホノルル市図書館内で運営していた「東洋文庫」も閉鎖され、蔵書の一部は美術館に、他はハワイ大学図書館に寄付された。

日本語学校問題とストライキ

米国本土では、第一次世界大戦参戦によって、「一国旗一言語」をスローガンとする米化運動が盛んになり、主にドイツ語学校と日本語学校を対象にした外国語学校取締法案が提出された。この影響を受けたハワイの米国人達も、日本語学校全体が二世の米化を阻止しているという意識を強くした。一九一七（大正六）年七月には、ハワイ政府移住民局が、日本から到着した本願寺系日本語教師五人のホノルル上陸を拒否する事件まで起こった。

一九二〇（大正九）年一一月には、ハワイ県議会に外国語学校全廃案が提出され、日本人社会に「日本語学校存続危機」の衝撃が走った。すぐに、毛利伊賀（日本人慈善病院）、相賀安太郎（『日布時事』）、今村恵猛（本派本願寺）、奥村梅太郎（奥村多喜衛長男）、真下竜平（日本語学校校長）ら日本人一八人が日本語学校存続のための協議会を組織し、対策を話し合った。何としても、日本語学校の全廃を避けなければならなかった。

同協議会は、日本語学校の大幅な授業時間短縮、日本語教員対象の民主主義と米国社会に関する教育、英語検定試験の実施などの条件を含んだ「学校取締法新草案」をハワイ県議会に提出した。県議会はこの案を受け入れ、一九二一（大正一〇）年七月から外国語学校及び教員に関する厳しい法律が実施された。

ところが、一九二二（大正一一）年八月にはさらに厳しい外国語学校の学年短縮規制が制定された。これを受けて同年一二月には、一部の日本人と日本語学校八八校が、ハワイ政府を相手に憲法違反の試訴（訴訟）を起こした。先導者は日本語新聞『ハワイ報知』の牧野金三郎社長だった。米布合併以来、米国本土の情勢に着目し、日本（系）人の米化を説いていた奥村は、試訴は排日感情を激化するだけだと主張し、相賀安太郎、毛利伊賀、原田助らとともに裁判反対派、つまり米国社会との協調を目指す穏健派に回った。山崎馨一総領事も穏健派であった。

他方、一九二〇（大正九）年一月には、オアフ島の数箇所の耕地でフィリピン人と日本人労働者が賃金値上げを要求して、大ストライキに突入していた。最終的に、耕主側が要求を拒絶したため、半年間続いた大ストライキは終結したが、ストライキ後、ハワイ社会全体で親日感情の低下が感じられるようになっていた。スト反対派は、ストライキが同時進行の日本語学校問題と相まって、米国人の日本人排斥感情に拍車をかけ、その結果ハワイ社会全体から日本人への非難が強まったと考えた。

日本語学校問題の試訴派と反試訴派は、ストライキの際の賛成派と反対派でもあった。二派はそれぞれ牧野経営の『布哇報知』と、相賀経営の『日布時事』を陣営に、一九二二（大正一一）年から一九二七（昭和二）年にかけてハワイ日本（系）人社会を二分するほどの深刻な論争を引き起こした。

この時、ハワイ政府のヘンリー・キネー教育長は、日本語学校問題は日本人間の宗教対立が発端になっており、特定の宗教家が仏教学校を倒すために問題を提起したのだと公言した（Ｉ2-1『五十年間のハワイ回顧』三四七―三四九頁）。暗に奥村多喜衛を指した言葉だった。加えて複数の日本語新聞も、奥村多喜衛を問題の火元であると名指した。奥村の元には、剃刀で奥村の出版物を切断し、それとともに「（お前を）この通りに（切断）する」という脅迫状が送られたこともあった。

その頃の奥村は、撃たれても殺されてもおかしくない状態であった。しかし、奥村は怯まず、「サムライ牧師」であり続けた。結局一九二七年、日本語学校取締法案は憲法違反との判定が下され、試訴派の勝利となった。

賀川豊彦との対決

日本語学校試訴運動中の一九二四（大正一三）年一二月に、賀川豊彦が世界旅行の途中でハワイに立ち寄り、出版社「実業之布哇社」当山哲夫社長の世話で一週間ほど滞在したことがあった。丁度、ハワイ島コハラでフィリピン人のストライキが始まった時だった。

一二月六日に当山家で行われた賀川の歓迎会には、山崎馨一総領事、原田助、相賀安太郎ほか、奥村ら基督教牧師達も招待された。会に先立って賀川は、日本人労働者は、ハワイ島フィリピン人ストライキに加勢すべきであり、今夜はそのことを話すつもりだと挨拶した。

奥村は驚いた。労使協調路線を取っていた山崎総領事も原田も相賀も当惑したはずだが、何も言わなかった。そこで沈黙を破って、奥村が口を開いた。

君が日本に於ける事業には私も大いに敬服して居る一人であるが、布哇には特別の事情がある。それを充分研究考慮しないで軽々しく煽動演説など為てくれては、労働者を誤り且つは日米人の反感を惹起する。甚だ迷惑である。（A『楽園おち葉』第十二籠）

無礼な奥村に、賀川が怒ったのは言うまでもない。彼は続く演説の中で奥村を罵倒し、後に出版した旅行記で、人道上黙視できず反対する牧師もあったと書いたほどだった。

賀川の影響を懸念した奥村は、彼の先回りをして、翌日ホノルル港からハワイ島行きの船に飛び乗った。ヒロで下船し、汽車とハイヤーを乗り継いで、コハラに着いた。そして日本人労働者に、今ここで同情的ストライキをすれば、一九二〇（大正九）年以来積み上げてきた日本人への信用を失墜することになると、ストライキ参加を阻止した。結果的には日本人労働者は行動を起こさず、ほどなくフィリピン人のストライキも収まった。

奥村は考えていた。米国本土では人口も職種も多く、ストライキに失敗しても、他に働き口を見つけることもできるであろう。しかしハワイでは、耕地以外に大勢の日本人が働く場所はなく、労働組合も確立していない。ストライキの成功率は高いとは言えず、最悪の場合、帰国を余儀なくされるかもしれない。一九二一（大正一〇）年以来、排日予防と日本人啓発のため、各地の耕地で労使間の仲介役をし、成果をあげていた奥村は、ハワイでは労使協調が労働問題の最良の解決法だと信じていた。

一方、長年労働問題に取り組んできた賀川にとっては、奥村の姿勢は生ぬるく我慢ならないもので、二人が衝突したのも当然のことだった。もっとも、考え方に違いはあれ、奥村と賀川は信仰の仲間であり、その後も親交を持った。マキキ聖城基督教会には賀川が奥村に描いた色紙が保存されている。

3　米化運動「排日予防啓発運動」

調和と融合

奥村は、米国本土の排日運動がハワイへ飛び火することを食い止めるため、一九二一（大正一〇）年から日本人労働者の生活の改善と米化を勧める「排日予防啓発運動」に着手した[42]。排日の原因を払拭し、ハワイ社会での日本人の調和や融合を進めることが目的であった。ハワイでは、矢田長之助総領事の協力を得た。

まず一九二〇（大正九）年に帰国し、渋沢栄一をはじめとする日米関係委員、原敬総理大臣、内田康哉外務大臣に排日予防啓発運動への理解と協力を求めた。原敬総理大臣には、当時二世が直面していた国籍離脱のための年齢制限撤廃を願い出た。

米国と日本の二重国籍を持つ二世が、米国人として生きるためには、日本国籍からの離脱が不可欠だった。しかし実際に離脱をするためには煩雑な書類手続きが必要であり、結局日本国籍離脱を諦める二世もいた。原総理は奥村を激励した上で、国籍法改正に全力を尽くすと約束した。

運動に必要な旅費、滞在費、印刷費などの資金は、ハワイ実業界のアサトン家、キャッスル家、クック家に求めた。基督教関係団体からの援助を受ければ、宗教活動であるとの偏見が生まれ、また日本政府から補助を受ければ、ハワイ社会に対して日本政府の圧力がかかるという誤解が起こりかねないと危惧してのことだった。これを知った渋沢栄一は、米国人だけに資金援助を任せておくわけにはいかないと、千円を二度送ってきた。

奥村は一九二一年からハワイ各島の耕地を巡回し、労使間の問題があれば、日本人と耕地会社のパイプ役に徹した。そして日本人の生活改善を行った。ある耕地では「裸で風呂場に行く不体裁は恥ずべきであるが、浴場が狭く脱衣場もない」、「五〇家族の住む宿舎に便所が一ヵ所しかなく、一度に六人しか使えない」などの訴えを受けた。実情を知るために、奥村も彼らの宿舎に泊まった。

なるほど日本人は丸裸に手ぬぐいを提げ、混浴の風呂場へ出かけていた。これでは、同化不可民族として非難されても仕方がなかった。とは言え、実際問題、風呂場に脱衣場はなく、ふんどしさえも盗まれる恐れがあった。翌朝、奥村が耕地支配人に実情を告げたところ、支配人は赤面し、即座に浴場の拡張と便所の増設を約束した。

ほとんどの耕地の支配人は、日本人労働者に好意的だった。しかし例外もあった。カワイ島では「ジャップはいつまでもジャップでいい。青年会事業や福利厚生などは必要ない。労働者は早く寝て、早く起きて働けば充分。ハワイ生まれの日本人青年は〝役立たず〟である」などと放言する米国人支配人がいた。あきれた奥村は、この言葉を英文報告書に明記し、「ハワイ日本人の米国同化を阻むのは米国人ではないか」と書き添えて、米国人の要人に送った。

一方、「立派な住宅を与えても日本人は喜ばず、きれいにも使わない。壁に五寸釘を打ち込んで、雨合羽や汚れたズボンをかけ、ベランダには石油缶で作った竈を据えて、煮炊きをする。ベッドの一つも買わず、カーテンを掛けるでもなく、まったく家庭らしくしない」、「ボーナスが出た時、ポルトガル人やフィリピン人は喜び、家具や装飾品を購入し、住宅を家庭らしくするが、日本人は日本に送金するか預金をする。彼らのたまの買い物といえば、立派なトランクである」など、日本人に対しての苦情も出された。

倹約と貯蓄に努めていた日本人は、買い物によって地元産業へ貢献することもない。トランクの購入は、帰国を急ぐ日本人の姿を決定付けた。そのような日本人は、米国人に同化不可民族として映った。

批判がある耕地では、溝が深まる前に奥村が間に入り、誤解を解き、日本人には日常生活に関する細かな指導を行った。奥村は初年度の巡回が終了すると、報告書を作成しホノルルの矢田長之助総領事、日本の総理大臣、外務大臣、貴族院書記官長、渋沢栄一他日米関係委員など官民の支援者へ送った。

また長男の梅太郎が翻訳した英文報告書を、ホノルルの米国人支援者、耕地支配人、米国本土の大統領と副大統領、連邦議会議員、そして友人に送った。ニューヨークのシドニー・ギューリックからは、「排日扇動者の無知を打破するために貴重な資料である。今後の報告も大いに期待する」との激励の手紙が届いた。シカゴ在住で『How to Conduct Sunday School』の著者マリオン・ローランスからは「我が米国人こそ日本人に対する態度を改善する必要があり、そのためには全力を尽くす」（A『布哇に於ける日米問題解決運動』二四頁）という返事が戻ってきた。

一九二二（大正一一）年の二年目の巡回では、各地で活動写真（無声映画）を上映し集客に努めた。野外での活動写真上映は、最大の娯楽の一つであった。当初、「米化」は基督教の宣伝のためであるとか、奥村の耕地巡回は労働者組織の破壊活動であるなどと非難していた日本人も、奥村の地道な活動を通して、徐々にその精神を理解していった。「運搬用列車やトラックを使い、参加希望者を集会場まで運ぶ」と協力を申し出る耕地会社も現れた。多くの耕地では、宿舎の改築、水道工事、青年会館建設、運動場設置など、会社側による日本人の生活環境の改善が見られた。また日本人達も淫らな格好を止め、住宅をこぎれいにするように努めた。

二年目の活動終了時には、矢田長之助総領事から活動報告書の印刷費が送られてきた。奥村は英文小冊子を出版し、約一、二〇〇部を米大統領や支援者、要人へ送付した。数十部を受け取ったシドニー・ギューリックは、新聞雑誌で奥村の運動を紹介したうえで、小冊子を連邦議会の移民委員に送り、「連邦議会において日本人に関する特別法を討議する議員は、奥村の報告を熟読すべきである」(A『布哇に於ける日米問題解決運動』

三七頁）と勧める予定だと言ってきた。また奥村の報告書が、V・S・マックラッチーのような過激な排日家を排除するために、効果的であるとも述べていた。

シドニー・ギューリックは、一九二七（昭和二）年から渋沢栄一とともに、「青い目の人形」と日本人形を交換する日米間の親善活動を開始したが、ギューリックと渋沢の中間地点に奥村が居り、人形大使交換の背後に「排日予防啓発運動」があったことは言うまでもない。

V・S・マックラッチーとの対決

一九二一（大正一〇）年一〇月にホノルルで汎太平洋新聞大会が開かれた。カリフォルニア州サクラメントの『ビー』紙発行者で、カリフォルニア日本人排斥協会会長のV・S・マックラッチーも、同会出席のためホノルル入りした。マックラッチーは、ロータリークラブの席上で、「日本人は甘藷畑の中に群居して、同化の教育もなく、同化すべき環境もない」、「日本人は民族的純血を保つため、他人種と結婚しない」（A『楽園おち葉』十二籠）、「日本人は絶対に同化不可能であり、彼らに対する米化運動は不必要である」（A『布哇に於ける日米問題解決運動』二四頁）などと、得意の排日論をまくし立てた。彼の排日論は、日本人をおぞましい民族と公言する「黄禍論《こうかろん》」と呼ばれていた。

しかし、ハワイ米国人の反応は冷ややかだった。実業界の重鎮フランク・アサトンは、日本人は適切な指導のもとでは、立派に同化すると反論した。またハワイ伝道会社のジョン・エルドマンは、マックラッチーに米化運動の経験の有無を確かめたうえで、「ハワイではすでに米化運動が展開され、その効果は現れている。米化運動に携わった経験のない人間の言う排日論などは無意味である」（A『布哇に於ける日米問題解決運動』二五頁）と、マックラッチーを一蹴した。

奥村は、「日本人は民族的純血を保つため、他人種と結婚しない」というマックラッチー説を崩す目的で、一九二二（大正一一）年四月からハワイ全土における日本人の国際結婚（当時の表現は「雑婚」）調査を行った。ハワイ各島の知人に、奥村が作成した調査表を送り、近隣に住む日本人の国際結婚者の姓名と住所、連れ合いの国籍を調べ記入し、返送してもらうという方法を取った。

数週間後に六四通の調査結果が奥村の元に戻り、国際結婚をしている日本人の人数が判明した。この結果を提示して、奥村はマックラッチー宛てに文書を出した。

（略）凡そ結婚というものは両人が知り合って愛し合って初めて成り立つものではないか。然るに日本人は在留日尚浅く、且つ外国語には通じないので、男女互いに知り合う途がない。それにも拘わらず現に布哇全島に雑婚せるもの一四八人ある。第二世第三世の時代になれば、公立学校にて他人種と共に同一の英語にて同一の教育を受け相親しんで居るもの。其雑婚の数は非常に増大することは受合である。今日の情勢でも已にマックラッチーの民族の純潔を保つため雑婚しないとの議論は、事実に反した空論で一文の価値がない。況や米国の州に由っては有色人との結婚を禁じて居るではないか。

（A『楽園おち葉』十二篇）

マックラッチーからは何の返答もなく、また彼が発行する新聞紙上にもコメントは載らなかった。

マキキ教会員は奥村のことを、よく「五〇年から一〇〇年先を見る人」と評した。一牧師が排日予防啓発運動のため、ハワイ全島を巡回する合間に、独自のネットワークを用いて国際結婚調査を行うとは、斬新的で「あっぱれ」と言わざるを得ない。そのようなことを思いつく奥村は、やはり「五〇年先を見る人」であった。

4 「排日移民法」

一九二四（大正一三）年四月の初め、米国連邦議会に「排日移民法」が提出された。すぐにホノルルの商業会議所は、「新移民法中日本移民に他国移民と同様の待遇を与えられんことを希望す。もしさらに日本移民取締の必要あらば条約改正によって規定するを可とす」（A『布哇に於ける日米問題解決運動』四三頁。以下引用は同書より）と、上院移民委員長と国務長官宛てに電報を打った。

ハワイの米国人、日本人、ハワイ人、中国人、ポルトガル人、フィリピン人などからなる基督教会同盟も、クーリッジ大統領に対して排斥法裁可の拒否を訴えた。ハワイ伝道会社は、「代表的な基督教国である米国が、日本人に不必要な侮辱を与え、国際的誤解反感の種をまいてはならない」（四四頁）と抗議した。英字新聞『ホノルルアドバタイザー』のサーストン社長は、紙上で移民法案反対を述べた。次から次へと激しい抗議が続いたにもかかわらず、法案は上下両院を通過し、「排日移民法」として同年七月一日から施行されることとなった。

ハワイ日本（系）社会では「これからどうなるであろうか」との声が、あちらこちらで聞かれた。しかし奥村は、大切なのは「これからどうするか」であり、自分達で運命を切り開く覚悟を決めなければならないと考えた。「郷に入っては郷に従い、社会の繁栄を助け、社会の善良な構成員となり、正義をもって生きるならば、必ず日本（系）人は米国社会に受け入れられる」はずだ。そして「踏まれても咲くタン《マ》ポコ《マ》の笑顔かな」（四九頁）と詠んだ。

一九二四（大正一三）年一二月になり、一九二〇（大正九）年の帰国時に原敬総理に直訴していた国籍法の改正は、日本政府の「国籍離脱の年齢制限撤廃」となって実現した。

奥村は一九二五（大正一四）年六月に日本に帰国し、支援者に過去五年間の「排日予防啓発運動」の経過と支援の感謝を伝えた。そしてこれ

からは二世の「二重国籍離脱運動」に力を入れると発表した。ハワイ生まれの二世が

（一）日本の国籍を離脱し、優良な米国市民になること
（二）投票権を行使し、県政、国政に参加すること
（三）労働で身を立て、ハワイ産業上重要で実力ある市民となること

の三点が具体的な目標だった。

二重国籍離脱運動に先立ち、一九二五年の帰国時に若槻礼二郎内務大臣に会い、米国の国籍を持たないハワイ生まれの日本（系）人二世が、新たに米国籍を取得する際の日本政府の協力を願い出た。というのも親達が、二世出生時にハワイ政府衛生局への出生届けを怠り、米国籍を持たない「在留異邦人」二世が多かったからである。

すでに永住希望者が大多数を占めていたが、米国籍がないハワイ生まれは、米国人としての保障がなく、公務員や教員にもなれない。ハワイに永住するためには、米国籍が必要であった。米国籍を得るためには出

生証明書が要るが、その取得手続きは複雑で、途中で諦めるものも少なくなかった。出生証明書取得手続きの簡素化が望まれた。

若槻との面会後、幣原喜重郎外務大臣にも面会した。加藤高明総理大臣にも面会を望んだが、何度連絡しても総理秘書に繋がらなかった。仕方なく、直接朝八時過ぎに麹町の私邸を訪ね、非礼を詫びたうえで、「明日ハワイに発つので、どうしても総理との面会をお許しいただきたい」と願い出た。幸運にも総理側からは、「長い話は困るが、朝食を終えたら会える」との返事が返ってきた。奥村は心から感謝した。

総理の書斎に案内され、挨拶をした後、過去五年間の排日予防啓発運動の活動内容と今後の運動方針を報告した。総理からは様々な質問が出された。最後に総理は「今日までの骨折りは感謝する。今後の運動方針も結構。殊に、投票権の行使は必要なことである。よろしく邦家のために尽くせ」(八八頁)と激励し、奥村を見送った。一〇年の知己のごとく打ち解けた二時間の面会だった。すぐに飛鳥山の渋沢栄一を訪ね、加藤総理との会見について報告した。渋沢は我が事のように喜んだ。

今回も多くの有力者から、活動への支援と協力の確約を得た。奥村は深謝し、命の続く限り日本（系）人のため、また日米関係のために力を尽くすことを決意して、一〇月二九日天洋丸で横浜を出発した。

奥村は、一九二六（大正一五・昭和元）年から一九三〇年まで二世のための二重国籍離脱運動を行い、一〇年間の排日予防啓発運動に区切りをつけた。そして以後は、日系米国人を育成するための「日系市民会議（The New Americans Conference）」を主体とする活動に移った。

第四章　太平洋の架け橋に

1　「日系市民会議」

日系人は二流市民か

一九二七（昭和二）年には、日系二世が八万人を超え、社会人も増えた。奥村は、米国人と対等に生きる二世リーダーを養成するための「日系市民会議」を始めた[43]。ハワイ全島から二世を選抜し、ホノルルに招き、そこに知事や政治家、実業家などハワイの米国人有力者を講師に迎えて行う数日間の研修会であった。実行委員には、原田助、毛利伊賀、相賀安太郎、ハワイ伝道会社のジョン・エルドマン、奥村の五人が就任した。

日系市民会議参加者は

（一）米国籍を有すること
（二）学業を終えていること
（三）職業に就いていること

の三点を充たしていなければならなかった。性別や宗教は不問だった。

当時、一世の周囲にいる米国人には教員、耕地支配人、商店や会社経営者などが多かった。一世は指導的立場にあるそのような米国人に対して、劣等意識を持つ傾向にあった。概して、二世にもそれが受け継がれ、「二流市民」意識が植え付けられた。いわゆる人種差別意識であった。奥村は日系市民会議を通して、そのような二世の偏見や劣等感を払拭し、「米国人と対等に生きる日系市民」を育成しようとした。

第一回日系市民会議は、一九二七（昭和二）年八月一日から一週間、一四人の参加者を迎え、ホノルルのＹＷＣＡ会館で始まった。研修内容は各界を代表する米国人の講演、日本語研究、各種問題について米国人座長による自由討議、スポーツや映画鑑賞、晩餐会、米国人家庭の訪問

第２回日系市民会議（1928年）

などであった。二世にとって米国人との討論会、彼らの家庭の訪問などは、容易に体験できるものではなかった。

二世は米国人講師と長時間一緒に過ごすことで、彼らに親近感を持ち、「人」として同等意識を感じ始めた。また研修を通して、自分達が日系社会の代表者であるという自覚と責任、自信を持つようになった。研修終了時にはホノルル・スターブリテン社と日布時事社が合同で、盛大な晩餐会を開催した。この研修が、大学一年分の授業に匹敵すると語る参加者も現れた。

日系市民会議の主宰者として、奥村が心がけたのは、日系市民会議に基督教的活動を加えないということだった。クリスチャンの米国大統領が、政治に宗教心を持ち込まないのと同じ姿勢だった。そして参加者に指導者として必要な三指針を説明した。

（一）ことの善悪邪正を弁別し、物の軽重本末を誤らないこと。学問があり事務的才能があっても、私利私欲のために事理の判断を誤るものは指導者の資格がない

（二）周囲より、少なくとも五〇年先を見る先見の明を有すること。柱にあたって額にこぶができるまで、向かう柱が見えないようでは、人を導く資格はない

（三）非であり、悪であると知れば、潔くそれを退け、正であり善であると分れば断固として実行する。利害を後にして、毀誉《きよ》をはずして正しい主義に進む道徳的勇気が必要である。大真理を掴み、それに因って進むと指導者の資格が作り上げられる

（A『布哇に於ける日米問題解決運動』一五八―一五九頁）

そのうえで、広くハワイ社会全体で認められなければならないと教えた。

やがて日系市民会議参加者から、ハワイ政財界や教育界のリーダーが誕生した。後に州最高裁判所首席判事を経て上院議員となった築山長松も、その一人だった。

日系市民会議の費用には、毎年奥村がキャッスル家、アサトン家、クック家などから集める八〇〇ドルから九〇〇〇ドルが充てられた。さらに会議の講師から午餐会の招待まで、会議全体が米国人の支援で成り立っていた。

奥村は毎年、日系市民会議の報告書を出した。それらを手にしたハワイや米国本土、日本の政財界の人々からは、日系市民会議の成果に対して称賛が届いた。当初、日系市民会議に合わせて発行していた英文雑誌『New Americans』は資金繰りが苦しく、八号で廃刊となった。代わりに「第二世の時代（The Age of Second Generation）」や「布哇生まれの青年の将来（Future of Hawaiian Born Youth）」と題する英文パンフレットを単発で発行し、ハワイ全島の一七の高校へ数百部単位で送った。最も日系人が多いマッキンレーハイスクールには六〇〇部を届けた。

日系市民会議は、第二次世界大戦の勃発で、一九四一（昭和一六）年夏の一五回大会が最後となった。一五年間の研修で、総参加者数は八〇〇人を越え、ハワイ全土の各耕地から、平均一五人から三〇人の代表が研修に送られたことになる。

ハワイの社会事業家ウィリアム・ウエスターベルトは「ミスター奥村は自分で二つの記念碑を建てた。一つはマキキ聖城教会堂で、もう一つは日系市民会議そのものである」（A『楽園おち葉』第十一籠）と、奥村を讃えた。

2 ハワイの高知城

マキキ教会創立

一九〇二（明治三五）年一〇月、奥村はホノルル日本人基督教会を辞した。一八九四（明治二七）年の就任時には九三人であった教会員が、辞任時には三〇八名に膨れ上がっていた。辞任後、同教会で育てた前田亀太郎を助手に、ホノルル市東部のマキキ地区、マノア地区、カイムキ地区、ワイキキ地区の開拓伝道を始めた。

人家の庭先や米国人家庭の奉公人部屋で、膝を付き合わせた伝道だった。当時、公共交通機関として乗り合い馬車があったが、通常は徒歩で回り、雨の夜の集会にはカンテラを提げ裸足で急いだ。鉄でも溶かすような勢いであった。その結果、一九〇三（明治三六）年九月六日にキナウ街の通称木割場キャンプの一角の講義所で一〇人が洗礼を受け、一九〇四（明治三七）年四月八日には教会員二四人によるマキキ教会が

上：マキキ教会（1905年）
下：新車と奥村ホームの寄宿生（1920年代後半）

発足した。

一九〇五（明治三八）年には教会員が五三人となった。教会に併設された相互扶助や職業斡旋を行う「愛友会」には、教会員だけでなく多くのノンクリスチャンも参加した。教会員もさらに増え、大きな教会堂が必要となった。

支援者である実業家ジョージ・キャッスルは、一九〇五年八月にキナウ街とペンサコラ通りの角地を二、〇〇〇ドルで購入し、マキキ教会に寄贈した。一九〇六（明治三九）年九月には、そこに教会内外から集めた寄付金で五〇〇人を収容する教会堂が出来上がった。

一九一四（大正三）年には、教会員が五〇〇人を超えた。マキキ教会は創立一〇周年記念事業として、教会の筋向いの土地を購入し、愛友会館とマキキ幼稚園を新築した。愛友会館には大広間、事務室、読書室、遊戯室の他に、青年寮として一四部屋が完備された。マキキ幼稚園は、ホノルル市東部地区にも日本（系）人の幼稚園が欲しいという地域の保護者の要望に応じて設立されたものだった。

お城の教会堂

一九二五（大正一四）年頃には礼拝出席者もさらに増え、日曜学校や夜学校用施設、食堂用の広いホールが必要になった。また教会堂も老朽化が進み、白蟻の被害にも悩まされるようになった（B2『信仰の友』一九二七年一月―八月号）。マキキ教会は創立二五年の記念事業として、一九二八（昭和三）年一月に新教会堂の建設を決め、基金を集め始めた。世界大恐慌を挟んでのことであり、資金調達は順調ではなかったが、一九三〇（昭和五）年四月には四万ドルで、マキキ地区のマッキンレーハイスクール向かいの一〇万平方フィートの敷地を購入した（同紙一九三〇年四月号、五月号）。

マキキ地区は、東はカイムキやワイキキ方面から、西はパラマやカリヒ方面からの電車が通り、交通の便がよい地域だった。また、宅地とし

建設中のマキキ聖城基督教会（1932年）

て開発されたばかりで、将来的に多くの日本（系）人が住むと予想された。そして「東京ハイスクール」こと、マッキンレーハイスクールに在学する日本（系）人学生への感化も期待された。

教会堂の建築にあたって、奥村は多くの日本人が世話になったハワイに美観を添えたいと考え、高知城をモデルとした教会堂建築を思いついた。日本の古城は、久しく故郷から離れている日本人に郷愁を与えると考えられた。そこで教会内での賛同を得た後、ハワイ伝道会社に教会堂の設計図を提出した。ところがハワイ伝道会社に却下された。「平和を主とする基督教に、戦争の表象たる城の会堂は不似合いである」が反対理由だった。

奥村はすぐにハワイ伝道会社に出向き、聖書の「神はわが城なり、わが避け所なり」（詩篇九章九節、詩篇一八章二節他）の聖句を示し、「元来、城は人々を保護する場所であり、日本でも基督教が伝来した時、天主閣で天主を守ったこともある。よって城は教会堂として相応しい」と説明した。

これを聞いた委員のセオドー・リチャーズは納得し、「多くの日本人クリスチャンは、何もかもアメリカ風にする傾向にあるが、日本古来のすぐれたものを保有し、それを通して基督教化をしようとする君の姿勢は素晴らしい」（A『楽園おち葉』第二十八籠）と奥村を称えた。リチャーズの言葉は、同席していたハワイ伝道会社の委員達の心を動かすに充分で、その場でお城の教会堂建築が決まった。

その頃、母国日本はアジア大陸に進出し、軍事的衝突を起こしていた。

そのことに心を痛めていた奥村は、せめてハワイの中国(系)人と日本(系)人の間だけでも融和を図りたいと考え、教会堂建築資材をホノルルの中国系会社シティー・ミルに注文した(B1『マキキ聖城基督教会七十五年史』)。社長のC・K・アイ氏は非常に喜び、以来、シティー・ミル社とマキキ聖城基督教会は友好関係を保った。後年、マキキ聖城基督教会が付属幼稚園を新築する際には、シティー・ミル社が園舎を一棟建てて、感謝のしるしとした。

マキキ教会は、一九三二(昭和七)年一〇月三〇日の聖日にキナウの旧教会堂で最後の礼拝を守った。翌週にはペンサコラ通りに立つ新しい教会堂に引越し、名称も「マキキ聖城基督教会」となった。一一月六日には献堂式が執り行われ、一一月一三日の朝夕二回の洗礼式では合計一四九人が受洗した。ハワイの日本人基督教会史上、一日の受洗者最多記録だった。

マキキ聖城基督教会の正面玄関には、高知城追手門のミニチュアがあり、教会堂内の階段には高知の「はりまや橋」を真似た欄干が取り付けられた。教会堂とロビーの天井にある日本語が彫られたシャンデリアは、一九三三（昭和八）年から一九三六（昭和一一）年の間に数回に分けて、奥村が甥の大脇順路《まさみち》を介して、東京の東電電気商品株式会社（東光電気株式会社の前身）から取り寄せたものだった（B1「奥村多喜衛書簡」）。高層ビルが出現する前のホノルルでは、お城の教会堂はアロハタワーと並んでランドマークとなった。

マキキ聖城基督教会第二期工事

一九三五（昭和一〇）年五月、奥村は主治医が匙を投げるほどの重篤に陥り、教会員達から引退と帰国を勧められた。しかし奥村は日本に帰国して生き延びるよりは、余命一年となってもハワイに残ると言い張った。心配した教会員達は、隠居用の家を準備するので、そこで引退生活を送って欲しいと願い出た。奥村は承諾した。

マキキ聖城基督教会

ところが、その頃から病状は快方に向かった。やがて元気になり、遂には引退を取り止めた。隠居用家屋新築資金の五、〇〇〇ドルが集まった後のことだった。そこで奥村が、五、〇〇〇ドルに新たな寄付を加え、それを資金に教会の食堂兼ホールを建ててはどうかと提案したところ、教会員も賛成した。わずか三ヵ月で目標の三万五、〇〇〇ドルが集まり、一九三六年七月に、マキキ聖城基督教会の第二期工事が始まった。そして同年一二月二〇日にマキキ聖城基督教会の全館が完成した。

一九三七（昭和一二）年三月二〇日に、新しいホールで奥村多喜衛・カツ夫妻の金婚式祝賀会が開かれた。そして同年一〇月三一日の洗礼式を最後に、奥村は引退した。マキキ教会創立以来、牧会三四年間の洗礼者は一、二四四人だった。

金婚式

奥村はその強いリーダーシップで、次々と新しい事業を完成させた。しかし同時に、地道な努力も忘れなかった。祈祷会の出席者、祈祷者、感話者の名を記して覚えた。引退の年まで、毎年、自筆で名簿を書き換え、種々の案内状や通知も手書きで作成した。また教会が自動車を備えてからは、約三〇〇軒の教会員の家庭を、毎月一度の割合で訪問した。

このような活動によって、教会員と牧師の信頼関係は密になり、教会員同士の連帯感も生まれた。排日予防啓発運動展開中に、奥村は一ヵ月の三分の一を同運動に充てることを許された。教会員との信頼関係の賜物だった。

3　第二次世界大戦
——全日本（系）人の米国大陸移送の風評

一九四〇（昭和一五）年、ハワイの総人口は四一〇、〇〇〇人となった。日本（系）人の合計は一五二、五〇〇人で、人種別人口で第一位を占めていた。市民権を有する日系市民は一〇〇、〇〇〇人を超えた。

一九四一（昭和一六）年八月に全米で外国人登録指紋法が実施され、

戦争の兆しが見え始めた。一〇月にはハワイの日本語学校でも米国旗掲揚が始まり、教室にはワシントンやリンカーンなどの写真が飾られた。

ハワイ時間で一九四一年一二月七日日曜日午前七時過ぎ、日本海軍による真珠湾爆撃が始まった時、ホノルル市民は目を疑った。前日の新聞にはワシントン発電として「極東危機緩和、ここ数週間は太平洋に戦争起こらず」という記事が載ったばかりだった。

米軍は戦艦、巡洋艦、駆逐艦を撃沈され、多数の軍用機と一、二〇〇人ほどの軍人を失った。民間人死者五七人の中には十数人の日系人も含まれた。

開戦とともに米国全土でＦＢＩと警察、憲兵隊による日本人有力者の逮捕や連行が始まった。ハワイでも宗教家、日本語学校校長、日本語新聞関係者、総領事館取次人などが各島の収容所に連行された。ホノルルの日本国総領事館は閉鎖され、スウェーデン総領事館のガスタフ・Ｗ・オルソン副領事がその事務を代行した。

一九四二（昭和一七）年二月には、日本人一七二人とドイツ人二九人の強制収容者を乗せて、第一回の輸送船がホノルルから米国本土に向けて出航した。ハワイから米国本土への輸送船は、開戦後から一九四三（昭和一八）年一二月まで一〇回続き、合計七〇二人の日本人社会の指導者が、米国本土の強制収容所に送られた。

開戦後米国本土では、西海岸の日本（系）人約一一〇、〇〇〇人が内陸部の収容所に強制収容された。彼らの存在が、米国家の安全保障の脅威になり得るという理由により、フランクリン・ルーズベルト大統領が、「一時転居」の名目で大統領行政命令第九〇六六号に署名したためだった。このニュースを知り、一五〇、〇〇〇人のハワイ在留日本（系）人も不安に怯え始めた。そして一九四二年一〇月にはハワイ日本（系）人社会を大混乱に陥れる騒ぎが起こった。

一九四五（昭和二〇）年一一月に出版された『楽園おち葉』第七篇には、大混乱の模様が綴られている。一九四二年一〇月二二日に、ハワイで医師をしている六男の又樹から奥村に連絡があった。「同僚が、ワシントンからハワイ在住日本（系）人全員の米国本土移送命令が出たと言っている」とのことだった。同じ頃、ホノルル市モイリリ地区の福田吉郎牧師が、同区の日本（系）人は米国本土への移送の噂を聞き、怯えていると言ってきた。

奥村多喜衛ホノルルを歩く

一〇月二六日、オアフ島ワヒアワに住む五男冬樹の家に滞在していた奥村のもとに、ワヒアワ教会の霧島武夫牧師が「ホノルルでは日本（系）人全員の本土への移送が噂され、準備のため毛布や厚い下着、スーツケース、トランクな

ど が売り切れている」と知らせてきた。

急いでホノルルに戻った奥村に、「ホノルル郊外で農業や畜産業に従事している日本（系）人は仕事が手に付かず、困っているらしい」との情報が届いた。オアフ島全体が、日本（系）人の米国本土への移送問題に大揺れの状態だった。

米国本土への移送は真実なのか、それとも噂に過ぎないのか。事実を確認し、混乱を鎮静する必要がある。本来は総領事館がすべき仕事であるが、ホノルル日本国総領事館は閉鎖されている。日本国総領事館代行のスウェーデン総領事館にもできるはずもない。奥村は立ち上がった。

まず、日系市民会議の講師を務めていた米国ハワイ軍B・H・ウェールズ大将に日本（系）人の混乱を伝え、噂の真相を尋ねた。驚いたウェールズは、奥村の情報をデロス・C・エモンス軍司令官に告げた。エモンス司令官の対応は素早く、即座に奥村との面談を希望した。

一九四二（昭和一七）年一一月二日朝に奥村は長男梅太郎を通訳に、

米軍のオフィスに出向いた。会議室にはエモンス司令官、ウェールズ大将、グリーン副官と奥村、通訳としての奥村梅太郎の五人が揃った。ウェールズ大将が奥村を紹介した。エモンス司令官は、奥村を排日予防啓発運動や日系市民会議の主宰者として知っていた。奥村は単刀直入に、日本（系）人全員の米国本土への強制収容の可能性について尋ねた。

エモンス司令官の答えは、「すでに米国大陸に輸送されているものの家族、またホノルルに抑留されているもの、政府の扶養が必要であるもの達は移動させる予定だが、日本（系）人全体の移動をするつもりはない」というものだった。

奥村は安心して言った。

私は満四〇年ハワイ生まれの青年男女を預かって世話をしているので、二世三世の心理状態をよく知っています。彼らの大多数は日本を見たこともなく、日本について何も知りません。従って何の関心もないのです。彼らにとっては親より公立学校で受ける感化が遥かに強く、米国を母国として意識しています。彼らを市民として公平に扱えば、彼らは喜んで米国のために生命を捧げるでしょう。

その後三〇分余り和やかな会談が続いた。その日の午後から、奥村は忙しく立ち回った。先ずオアフ島を中心に、電話のある七〇数軒の日本（系）人家庭に連絡を入れ、エモンス司令官との対談内容を説明し、周囲の日本（系）人にも伝えるようにと頼んだ。

また各地域の知人に、地区の伝達役を頼む一方で、各教会の牧師にも協力を求めた。翌日から一週間かけてオアフ島各地を回り、全日本（系）人の米国本土移送の噂を否定して回った。

一方、エモンス司令官は一一月五日午前中に、『アドバタイザー』、『スターブリテン』、『ハワイタイムズ（日布時事）』、『ハワイ報知』四社の代表者を召集し、「全日本（系）人の大陸移動はありえない」と伝え、それを新聞に発表させた。ホノルルの日本(系)人の間に再び平安が戻った。

4　日米融和のラジオ放送

第二次世界大戦の終結が発表された時、ホノルルでは一斉に汽笛が鳴り響き、ビルの屋上から紙吹雪が舞った。『アドバタイザー』には英語で、『ハワイタイムズ』には日本語で、天皇の詔勅が掲載された。

終戦直後から、奥村は米国ハワイ軍部放送部の女性職員の訪問を頻繁に受けた。やがて彼女から、日本に向けて日米融和を呼びかけるラジオ放送への出演依頼があった。

奥村は即座に辞退した。理解者であった渋沢栄一、団琢磨、堀越善重郎などが逝った今、日本に向けて放送をすれば、日本国民から「非国民」と誤解されると思ったからである。

しかし一方で、奥村自身が長年主張してきた日米親善が日本の国策であったことを、日本の政財界人やマッカーサー元帥、GHQに知らせるチャンスでもあると分かっていた。考え直した末に、奥村は引き受けた。

放送は一九四五（昭和二〇）年九月一五日午前一一時から一二時までと決まり、前もって自己紹介と携わってきた社会事業に関する放送用原稿を提出した。当日放送局に着くと、原稿は放送用に英訳され、自己紹介の部分はアナウンサーが読むことになっていた。排日予防啓発運動に関する部分は削除されていた。

奥村は語り始めた。

「私は奥村多喜衛と申します。土佐高知の生まれ」で始まり、ハワイでの事業や日米親善活動について八分ほど話した。最後に以下のように述べて、放送を終えた。

不幸にして日米戦端が開かるるまで、五十年の間私は生命を投げ出して働いて来ましたのは、どうかして日米親善に貢献したい心願で

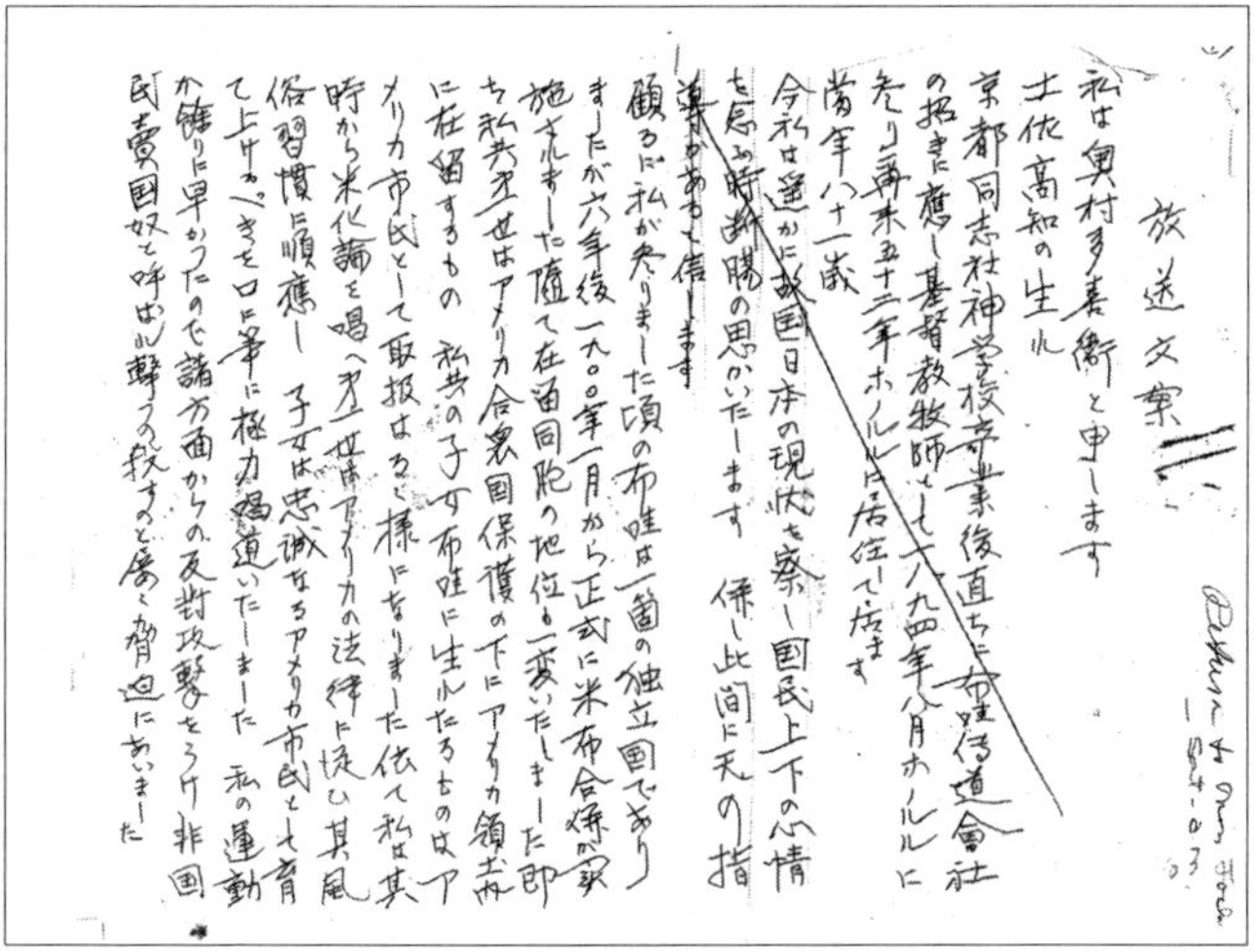

放送文案
私は奥村多喜衛と申します
土佐高知の生れ
京都同志社神学校卒業後直ちに布哇伝道会社
の招きに応じ基督教牧師として一八九四年八月ホノルルに
着き爾来五十二年ホノルルに居住して居ます
当年八十一歳
今私は遥かに故国日本の現状を察し国民上下の心情
を思ふ時断腸の思がいたします　併し此間に天の指
導があると信じます
顧るに私が来りました頃の布哇は一箇の独立国であり
ましたが六年後一九〇〇年一月から正式に米布合併が実
施されました随て在留同胞の地位も一変いたしました即
ち私共才一世はアメリカ合衆国保護の下にアメリカ領土
に在留するもの　私共の子す布哇に生れたるものはア
メリカ市民として取扱はるる様になりました依て私は其
時から米化論を唱へ才一世はアメリカの法律に従ひ其風
俗習慣に順応し　子女は忠誠なるアメリカ市民として育
て上げべきを口に筆に極力唱道いたしました　私の運動
が余りに早かったので諸方面からの反対攻撃をうけ非国
民売国奴と呼ばれ撃つの殺すのと屡々脅迫にあいました

奥村多喜衛放送文案（1945年）

ありました。思ったよりも平和が早く来り而して日本のあと始末にアメリカが当たることとなりましたのは、確かに神の摂理であると私は深く信じて居ります。大勢のアメリカ人が実際に日本を見、又日本人に接触して正しく日本を認識し、又日本の人々も明らかにアメリカを了解しますれば、自然日米両国の融和親善が出来両国互いに手を握り合う日が来ると思います。其時の一日も早からんことは私共日毎の祈祷であります。これが愈々実現した時初めて太平洋は永久にまことの平和であります。
（H大久保清・元ハワイ島日本人移民資料館館長所蔵「奥村多喜衛の「放送文案」」）

奥村多喜衛の日本への放送は、米国政府が奥村の日米親善における功績を認めた証であった。明治、大正、昭和にわたり、ハワイと日本、また米国の関係のために尽くしてきた奥村は、第二次世界大戦後の日米融和放送を行うには相応しい人物であった。また日米を結ぶ数少ない民間人だった。

一見派手に見える奥村の活動は、日々の努力の上にあった。総領事の出迎えもその一つであった。奥村は一八九四（明治二七）年の渡布以来、日本から新しい総領事が到着する度に、一人でホノルル港に出かけて出迎えた。新総領事を乗せた船が到着すると、船に乗り込み、挨拶した。その後、折を見て総領事館を訪問し、ハワイ日本人社会の過去と現在、米国社会の実情、日米関係などを説明した。どの総領事も奥村を歓迎し、熱心に質問をした。波止場での総領事歓迎は、総領事が一日も早くハワイ日本（系）人社会を理解し、日本（系）人のための活動を開始するようにと願った奥村が、独断で実行したことであった。このようなひとつひとつの行動が、奥村を「太平洋の架け橋」としたのであった。

5　別れ――日本行きの夢

戦争の傷跡も癒えた一九四七（昭和二二）年三月、奥村はマッカーサー元帥に、戦後の日本を視察するため日本行きを願い出た。しかし翌月、日本の経済及び交通の事情、宗教団体の入国規制などを理由として、不許可の通知が届いた。何としても日本行きを実現させたかった奥村は、同年六月に六男の又樹を同伴して、ニューヨークの世界伝道協会、ボストンの米国伝道会社、ワシントンの国務省などを回り、日本行き実現のための直接交渉を行った。しかしすぐには許可がおりず、最終的に国務省が前向きな姿勢を示したのは九月だった。しかし日本の秋は、リューマチを患う奥村の体に障る。結局一九四七年は、日本行きを断念せざるを得なかった。

一九四八（昭和二三）年五月には、末娘芳枝の結婚式に出席するため、ニューヨークへ行った。六月一二日の結婚式に出席した後、奥村は単身、シカゴ、サンフランシスコ、フレスノなどを回り、旧知の人々と親交を温めた。

一九四九（昭和二四）年、高知にいる姪の明石幸恵とその夫義貞が、之善館《しぜんかん》美良布保育園（高知県香美市立美良布保育園の前身）を開園することになった。喜んだ奥村は多額の寄付金を送った[44]。混乱した戦後日本での保育は、一九世紀末に奥村がハワイで始めた幼児教育を彷彿させた。奥村は、今こそ民主主義教育が必要であると幸恵夫妻を励ました。

また同年には、長年使用していた私書箱を廃止した。しかし、それまで通り『楽園おち葉』の発行と二、三ヵ月に一度のハワイ各島の巡回を続けた。

一九五〇（昭和二五）年四月一六日、奥村は八五回目の誕生日を迎えた。奥村家では誕生日には教会員や友人を招待し、赤飯で祝う習慣がある。この日も一〇〇人ほどが集まり、盛大な祝賀会を開いた。奥村は、一九五〇年こそ日本を見たいと願ったが、やはり実現は困難に思われた。代わりに出かけた第六回目の米国大陸旅行が、奥村にとって最後の旅行となった。

六月六日にホノルル空港を出発し、ロサンゼルス、フレスノ、ソルトレーク、シカゴを回り、数々の教会で説教奉仕をし、地域の人々と交わった。

七月一一日からの一ヵ月間は、ニューヨークの長女初枝、次女次枝、三女芳枝の家庭に宿泊し、孫達にも囲まれて家族の団欒を楽しんだ。同じ頃、賀川豊彦もニューヨークを訪問中であった。奥村は七月一四日に

ＹＭＣＡ会堂で開催された賀川の歓迎会にも招待された。

七月二六日には、日本の県知事や国会議員で構成された米国視察団の歓迎会にも招待された。奥村はそこでノーベル賞受賞直後の湯川秀樹博士夫妻に会い、とても喜んだ。

八月一一日にはシアトルに行き、有名なレーニア山にも登った。充実したスケジュールをこなす奥村は、八五歳という年齢を忘れたかのようだった。

八月一九日にカリフォルニアに戻り、サンフランシスコ近郊のバークレーに滞在した。さらにそこから、二泊三日でロサンゼルスへ往復し、要務を果たした。ロサンゼルスから戻り、オークランド空港からバークレーへのタクシーの中で、胸部と背部に激痛が走った。サンフランシスコ空港でオークランド行きの便への乗り換え時に、重い荷物を持ち走ったためと思われた。しかし、旅先で寝込むわけにはいかない。そう考えた奥村は、短い休息をしただけで、八月二八日にホノルルに戻った。

倒れたのはホノルル帰着後だった。家族や教会員達は祈り続けた。祈りが通じたのか、一〇月下旬に退院し、一二月発行の『楽園おち葉』第三十一籠を書き上げた。周囲は安堵した。だが執筆後、再び健康を害し、クリスマス前にクインズ・ホスピタルへ入院した[45]。

一九五一（昭和二六）年一月、同志社大学から、創立七五周年と新島襄召天六〇年を記念して結成される「新島会」の委員就任依頼が届いた[46]。長年の寄付、後進の指導など、母校に対する支援によるものだった。ところが就任は不可能となった。再び体調を崩した奥村は、一九五一年二月一〇日午前二時四五分、家族や教会員に見守られながら八五年の生涯を閉じた。

奥村は、遺稿となった『楽園おち葉』第三十一籠に、「紙面の都合により『牧会余談』及び寄付に対する感謝報告などはおち葉次籠にまわす」と書いた。まだまだ精力的に仕事をこなすつもりで、米国旅行記の出版についても考えていた。

一九五一（昭和二六）年二月一〇日、ハワイの日本語と英語の新聞は、奥村多喜衛の死を大々的に報道した。日布時事の川添樫風《けんぷう》は語った。

奥村牧師は聖壇から説教をするばかりでなく、波浪高き実社会に自ら身を投じ、常に雄々しくその先頭を切って泳ぎ抜いたのである。（略）誰かが、奥村牧師を政界に置いたら正に首相級の人物だといったが、決して誇張ではない。（略）

（川添樫風一九五五年記「奥村多喜衛牧師」『ヒロタイムス』一九八三年一〇月一五日）

奥村家ならびにマキキ聖城基督教会には同志社大学、布哇本派本願寺総長、片山哲を始めとして世界中の友人・知人から弔文が届いた[47]。二月一一日に行なわれた教会葬には一、〇〇〇人を超える人々が集まった。

一九世紀末にいち早く日本人学校を開校して日本人教育に取り掛かり、二〇世紀に入ると二世を米国人として教育し、米国社会へ送り出した。一九二〇年代には排日予防啓発運動、二重国籍離脱運動を展開し、ハワイと日本を往復した。一九二七（昭和二）年から四一（昭和一六）年まで日系市民会議で二世リーダーの養成に力を入れ、一九四〇年代は日米の親善と和平のために働いた。常に日本人としての誇りを持ち、五〇年先を見据えながら、米国人と対等に働いた奥村は、土佐の自由民権運動で培った精神を、ハワイで開花させたサムライ牧師だった。

偶然にも川添樫風は、一九五一（昭和二六）年『日布時事』新年号の「第一世の横顔」特集記事のため、一九五〇（昭和二五）年暮れに奥村にインタビューをしていた。奥村は病後の身体を端正な和服に包み、人生を語った。そして最後に

（マキキ）聖城（基督）教会は、外見は日本のお城だが、内部は教会

である。それは恰《あたか》も布哇の日系市民が外見は日本人種でも内心は米国人でいるのと同様だ。

と力強く言った。半世紀以上も二世教育に携わったサムライ牧師として、最期を飾るに相応しい言葉だった。

一九五二（昭和二七）年、新帰化法ウォルター・マッカーラン法が立法化された。ホノルルには帰化促進会が発足し、米国移民局の協力を得て、帰化準備のため英語学習会や米国に関する勉強会を始めた。一九六三（昭和三八）年、ハワイ全島では一八、〇〇〇人を超える日本人が米国籍を取得した。同年、ホノルル米国帰化促進会、ハワイ沖縄協会、ホノルル日本人商工会議所、百大隊、四四二連隊クラブ、ハワイ報知、ハワイタイムズなどは合同で、米国籍取得への功績に対して故奥村多喜衛に感謝状を贈った[48]。

あとがき

一九九五年一二月、ハワイ州ハワイ島ヒロ市の「ハワイ島日本人移民資料館」を訪れた。経営者の大久保清館長（一九〇五―二〇〇一年）は新潟出身で、一九五五年から一九九一年まで日本語新聞『ヒロタイムス』を発行し、「一世最後の語り部」と言われる著名人だった。すぐに大久保館長の気骨と「移民社会四方山話」、多種多様な史資料に魅了された私は、休暇のたびに高知からヒロまで出かけて行った。

一九二四年四月に渡航した大久保青年は、イオラニハイスクールで英語を学んだ後、ホノルルで『布哇新報』の記者を務め、奥村多喜衛が創立した布哇中央学院で教鞭を取った。一九二八年にハワイ島コナに移り、ケアラレクア学院やコナ独立日本語学校でも教え、コナ日本人社会の指導者林三郎医師（一八六七―一九四三年）が発行する『コナ反響』を手伝った。

コナでは、奥村ホーム出身で、コナ便利社を経営していた親友岡村森之助とともに、ハワイ島巡回中の奥村牧師としばしば会った。その頃、二世に日本国籍離脱を勧め、帰農論を提唱していた奥村は、同胞から「アメリカの犬」、「売国奴」などと呼ばれることもあった。「奥村先生はいつ斬られても殺されてもおかしくない『サムライ牧師』だった」そうだ。大久保青年は、どんな時でも積極果敢にハワイ日本（系）の生活や地位向上のために働き、日本とハワイ・米国の架け橋としても活躍していた国際人奥村多喜衛に憧れ、生涯尊敬し続けた。

一九三二年の一時期、大久保はホノルルの『電報新聞』に勤めたが、再びハワイ島へ戻り「ヒロ独立日本語学校」の教壇に立った。一九三六年からは『布哇報知』のヒロ支局長を務め、また地元ＫＨＢＣ局の日本語ラジオ番組主任として、番組制作や二世のアナウンサー育成に携わった。

一方、これらの仕事のほかに、大久保にはホノルル時代から続けてきた重要なライフワークがあった。ハワイ日本人移民の史資料収集である。日本人移民に関係するものならば何でも集めた。一九五五年に社長兼編集長として、一世の幕引き新聞『ヒロタイムス』を始めてからは、大久保のもとへ持ち込まれる史資料が多くなった。その結果、一九六五年には「ハワイ島日本人移民資料館」の開館となった。

当然のこととして、奥村史資料も大久保コレクションに含まれた。日本語新聞から大久保自身が拾い集めた記事もあれば、マキキ教会の定期刊行物もあった。三度目に大久保館長を訪れた際、私の目の前に奥村の手書きによる「排日予防啓発運動の賛成者名簿」、「人物控帳」、日米開戦を想定した機密メモなどが置かれた。奥村ホーム一期生で、ハワイ実業界の重鎮となった時岡政幸を通して大久保館長の手に渡ったもので、いつもは自宅で保存している貴重な史料であるとのことだった。そして館長は「奥村先生の研究は、故郷高知の人間がすべき仕事」と言った。その時は真意が理解できなかった。しかし気がつくと、私は奥村多喜衛を調べ始めていた。

それまで奥村多喜衛は、時折基督教研究や移民史研究、あるいは基督教界に登場することはあったものの、一般社会では無名だった。史資料を読み漁り、奥村多喜衛の軌跡を辿るにつれ、私は、彼の教育、医療、社会福祉、国際関係など広範囲に亘る活動と、そのスケールの大きさに改めて驚いた。高知は坂本龍馬やジョン万次郎だけでなく、このような人物も輩出していたのだと、感動した。そして、せめて郷土の偉人として、高知で顕彰したいという思いが強くなった。幸運にも、一九九八年末に、地元紙『高知新聞』で「土佐からハワイへ―奥村多喜衛の軌跡」連載のチャンスを与えられ、それによって高知での奥村顕彰運動に火が付いた。そして二〇〇〇年には、草の根募金によって高知市立自由民権記念館で「奥村多喜衛とハワイ日系移民展」が開催され、さらに記念事業として新聞に連載された拙稿が、単行本『土佐からハワイへ』となって出版された。

その報告のためヒロを訪れ、感謝を伝えた時、大久保館長は大変喜んでくださった。直接耳にしたわけではないが、「わしの目論見が当たったよ」と言われていたそうだ。しかし、出版後は一度しかお会いできなかった。二〇〇一年一二月に、大久保館長は静かに天国へ旅立った。六年の短いお付き合いだったが、大久保館長から教えられたことは計り知れない。館長の後押しがなければ、私の奥村多喜衛研究も本書も、また今日の私も存在しなかった。大久保館長との出会いは、人生の転機であった。

奥村多喜衛研究を始めてから、私はマキキ聖城基督教会を頻繁に訪ねた。同教会内には、創立以来の文書や写真などを保存している史資料室があり、奥村多喜衛が個人的に所蔵していた官約移民時代の史資料も残されている。私はそこに篭り、史資料室担当のエレノア尾中さんに助けられながら、史資料を調べ、多くの新事実と出会った。至福の時であった。

ところがマキキ聖城基督教会には、史資料室以外にもうひとつ、私を惹きつけるものがあった。同教会内のコミュニティの魅力だった。マキキ聖城基督教会は、何世代も続いた日系米国人による英語部と、仕事や結婚、留学などをきっかけにハワイに定住した日本人が在籍する日本語部の二部から成り立っている。よく、米国の教会は、信仰の場であると同時に一種のコミュニティであると言われるが、相互扶助という点では、マキキ聖城基督教会の人々、とりわけ新移住者で構成されている日本語部の人々は、見事なコミュニティを構築していた。まるで大きな家族のようだった。お互いの家庭を行き来し、病人が出れば、みんなで祈って支え合っていた。

第二次世界大戦後に米国軍人と結婚して渡米し、離婚、死別、子どもの独立などを経て単身となり、今では高齢、病、孤独などの不安を持つシニアがいた。また、国際結婚を解消し、シングルペアレントとして子育てをしている若い母親も少なくなかった。さらにはシングルペアレントを経て、思春期の実子を連れ再婚し、新しい家庭内での問題に立ち向かっている親もいた。そのような人々にとって、教会コミュニティは信仰と信頼で紡いだ新たな家族であった。助け合う家族であった。世代を超えた人々が喜びを共有し、悲しみや困難をともに乗り越えようとする教会コミュニティに、私は現代の相互扶助の成功例を見た。

そして、かつてハワイ島日本人移民資料館で見た一九〇六年頃の「マキキ教会案内」チラシを思い出した。その中で奥村多喜衛は「日本を離れ、親兄弟とも別れて暮らす諸君！　教会にいらっしゃい。……良き友に交わり、病気困難の時に相助け、高い希望を持ち、健全な娯楽をなし、常に相戒めて仕事に励むことは、志を貫く最も大切なことです」と呼びかけていた。当時、奥村は教会内に「愛友会」を組織し、クリスチャン以外も受け入れる相互扶助活動を展開していた。公的扶助もない混沌とした日本人移民社会で、奥村が独自に始めた活動だった。

チラシから一世紀を経て、マキキ聖城基督教会日本語部の人々は、奥村の呼びかけを忠実に実践しているかのようだった。新たな地縁を作り、家族のように暮らしている彼らに、私はすっかり魅了されてしまった。そして同時に、少子化、人口減少、高齢化など、日本が直面している問題に対する解決の糸口を見出したような気がした。

当時、マキキ聖城基督教会日本語部の社会福祉活動の中心となって働いていたのは、日本語部第一一代黒田朔牧師（一九四〇年生）だった。黒田牧師は、着任直後の一九八三年九月に高齢者デイケア「のぞみの会」をスタートさせた。長年、社会や教会を支えて、今では高齢となった人々が、喜びをもって人生を全うするためのプログラムである。当初は教会スタッフが運営を行っていたが、今ではすべてをボランティアスタッフが担う。一人暮らしの人、子どもと同居している人、施設で暮らす人など、様々な背景を持つ高齢者が一週間に二度、午前中に家族やヘルパーとともに教会に通い、日本語と英語で歌い、祈り、昼食を共にする。

「のぞみの会」には、ボランティアが準備した昼食の代金三ドルを支払えば、誰でも参加できる。面白いことに、高齢者の中にも、サービスを受ける側として参加している人たちと、ボランティアスタッフとして参加している人たちがいた。その頃最年長パートタイムボランティアとして、二世の池永シゲさん（一九一五―二〇一三年）は、サービスを受ける側と、する側を上手に使い分けていた。生涯現役としてボランティアをするシゲさんはとてもチャーミングだった。二〇〇九年五月にはハワイの英字新聞「ホノルルアドバタイザー」が「マキキ聖城基督教会の九四歳のボランティア」としてシゲさんを取り上げ、ハワイ中の人々に勇気を与えた。

その他のボランティアスタッフも、二〇歳代から八〇歳代までと幅広く、全員が「のぞみの会」の利用者から励ましを受けていると話す。高齢者が幸せであれば、後に続くものたちも幸せだ。それぞれの世代が相応しい役割を持つ「のぞみの会」には、日本からも見学者が後を絶たない。

日本語部の青年画家浅井力也（一九八四年生）の活動にも、目を見張るものがあった。日本生まれの力也は、分娩時の事故で脳性麻痺となった。

そして治療のために移住したハワイで絵画と出合い、不自由な体で創作を始めた。一九九一年には初作品がハワイ美術院展に入選し、一九九四年からは日本での本格的な活動も開始した。二〇〇二年には作品が日本の小学校国語教科書（学校図書）や中学校英語教科書（光村出版）の表紙に採用され、力也のエネルギーが日本中の人々に届いた。度々大きな発作に見舞われながらも、絵画を通して周囲に勇気と励ましを与え続ける浅井力也と、力也の手足となって動く母親三和子さんを、マキキ聖城基督教会の人々は支え応援してきた。近年、日本に帰国するたびに、力也は障がいがある人々やその家族と交わる機会を増やしている。力也に手話で話しかけられると、なぜか元気になる人が多い。

また二〇〇八年末には、若くして愛する人を失った日本人女性三人が、同じ体験に苦しむ人々を支援する目的で、ＨＵＧ《ハグ》 ＨＡＷＡＩＩ《ハワイ》（HUG：Help and Understanding for Grief）を立ち上げた。マキキ聖城基督教会のコミュニティで支えられ、悲しみを乗り越えた彼女たちが、「愛する人を亡くした悲しみや喪失感は、時間が経てば自然に消えるものではない。お互いに励ましあい成長し、悲しみを乗り越えて行こう」と日本にも呼びかけ、ネットワークを作り始めたのである。中心メンバーには、映画『天国で君に逢えたら』の原作者で、二〇〇四年にハワイで亡くなった元プロウインドサーファー飯島夏樹氏の妻寛子さんがいる。彼女たちは、愛する人との別れを通して、自分達に与えられた役割を見出し、それを果たそうとしている。

一方、二〇〇七年一月に、奥村多喜衛とカツ夫妻の八男末樹（一九一一年生）が亡くなった。その後も世代交代が続き、奥村ファミリーは第四世代を迎えている。一九九〇年代に、ファミリーは奥村多喜衛の事業を継承し、米国内外の福祉・教育活動を支援するため、「奥村基金」を組織して、ホノルル市キング街の旧奥村邸と奥村ホームの地所を「ハワイアン・コミュニティー基金」に寄贈した。同敷地には低所得者のための集合住宅「バーチ通りアパート」と「ウィステリア」が建てられ、前者には五二世帯、後者には九一世帯が暮らしている。入居者にはアジアからの新移住者もいる。ウィステリア内には奥村夫妻の肖像と感謝の言葉がレリーフに刻まれている。

当初、移民史研究として奥村多喜衛の研究に取り掛かった私は、マキキ聖城基督教会の人々と交わりつつ研究を続ける中で、奥村を社会福祉の視点で捉えたいと思い始めた。そのために二〇〇一年に入学した高知県立高知女子大（現高知県立大）大学院で、津曲裕次教授から『土佐からハワイへ』（二〇〇〇年）の書き直しをお勧め頂き、本書が出来上がった。本書の中の官約移民と中国人移民、ポルトガル人移民の比較、導入とハワイ政府移住民局日本人部などに関しては、高知女子大学に提出した学位論文『ハワイ政府移住民局日本人部の開設要因に関する歴史的研究』に依った。

実力不足から本書完成まで年月を要したが、史資料収集では日本在住の奥村宏さん（故人）や山田淑さん、ハワイの奥村ファミリー、マキキ聖城基督教会の黒田朔元牧師、康子御夫妻と教会員の皆さん、特に同教会資料室のエレノア尾中さんや、奥村ホームの軌跡を探索しながらホノルル中を案内頂いたジーン&ロバータ金城夫妻、古い史資料の調査をお願いしたヒルトブランド洋子さん等に大変お世話になった。さらに高知新聞社、高知市立自由民権記念館、奥村多喜衛協会にもご支援を頂いた。高知県立高知女子大では、津曲裕次教授に続き吉野公喜教授、青山英康教授にもご指導を頂いた。その他、ご支援くださった方々は数え切れない。ご指導、ご支援をくださった方々おひとりおひとりに、心からの感謝を申し上げる次第である。そして我侭な妻、母、娘である私の強力な応援団である家族に、また何より、天国の奥村多喜衛牧師、大久保清館長に感謝を伝えたい。

第四章　太平洋の架け橋に

43　日系市民会議に関しては［I 2-2］中川芙佐「奥村多喜衛と日本帰国」（2009年）を参照。

44　明石幸恵夫妻の次女山田淑さん所蔵、1950年1月の奥村から明石夫妻宛の手紙。

45　［C］『日布時事』（1951年新年号）の「第一世の横顔」、『日布時事（ハワイタイムズ）』（同年2月20日）、最期を看取った喜友名みどり宣教師へのインタビュー。

46　［B1］マキキ聖城基督教会所蔵「同志社総長大塚節治から新島会委員就任依頼」（1951年1月11日）。

47　［B1］マキキ聖城基督教会所蔵「奥村多喜衛への弔文」。

48　［B1］ハワイの日系団体から奥村多喜衛への感謝状「Certificate of Appreciation to The Late Takie Okumura」（1963年）。

外務大臣伊藤博文宛、明治20年10月20日。

31 日本人共済会に関しては［E3］「在布哇日本人共済会設立の顛末」安藤太郎から外務次官青木周蔵宛、明治20年10月20日を参照。

32 ［B1］「日本人共済会規則」（明治21年11月26日）。

33 ［E3］「難民救助費布公使ヨリ領収之事」安藤太郎から外務大臣大隈重信宛、明治21年2月26日。

34 ［E3］「難民救助費布公使ヨリ逐次領収之事」安藤太郎から外務大臣大隈重信宛、明治22年2月28日。

35 ［E3］「難民救助費布公使ヨリ領収之事」の添付甲号、R. W. アーウィンから安藤太郎宛、明治22年2月28日。

36 ［E3］「在布哇日本人共済会付属病院の為の寄付金募集方着手之件」安藤太郎から外務大臣大隈重信宛、明治22年9月16日。

37 日本人慈善会史に関しては主にマキキ聖城基督教会所蔵「在布哇日本人慈善会史料」と1917年版『太平洋の楽園』、『楽園おち葉』第29籠（以上［B1］）などを参照したが、1889年の安藤太郎の外務省への最終報告以降、1892年の日本人慈善会への改組までの沿革には不明確な点が多い。例えば奥村が日本人慈善会から譲り受け、保存していた同会の初期の史料では、婦人慈善会発足は1888年5月となっているが、『基督教新聞』1888年12月12日号では砂本のハワイ到着は1888年6月26日と報告されている。ここでは『楽園おち葉』29籠に従い、婦人慈善会発足を1889年5月とした。

38 ［C］『やまと新聞』1900年11月8日、［I 2-1］森田栄『布哇五十年史』625-626頁。

39 19世紀末のハワイの日本人売春婦と日本人暗黒街に関しては［I 2-2］中川芙佐「奥村多喜衛とハワイ日本人社会――九世紀末ホノルル・ダウンタウンの日本人暗黒街掃蕩運動」（2008年）を参照。

40 奥村多喜衛と家族に関しては［I 2-2］中川芙佐「奥村多喜衛と日本帰国」（2009年）を参照。

第三章　排日の嵐の中で

41 ハワイの日本人ＹＭＣＡに関しては［I 2-2］中川芙佐「奥村多喜衛と日本帰国」（2009年）を参照。

42 ハワイにおける排日予防運動に関しては注41、中川（2009年）を参照。

17　［E2］「移住民紛擾調停始末」安藤太郎から井上馨宛、明治 19 年 7 月 8 日、「衛生報告公第一〇二号」安藤太郎から青木周蔵宛、明治 19 年 11 月 19 日。

18　［E4］「公第七七号移民条約に因り布哇政府於て雇職の監督人并医師解雇之儀上申の件」布哇国弁理公使島村久から外務大臣大隈重信宛、明治 30 年 7 月 13 日。

19　［E3］「在布哇日本移住民事務年報第一」明治 24 年。

第一章　自由民権運動からハワイ伝道へ

20　奥村多喜衛と自由民権運動に関しては［I 2-2］中川芙佐「奥村多喜衛と三大事件建白運動」(2004 年）を参照。

21　奥村多喜衛と三大事件建白運動に関しては注 20、中川（2004 年）を参照。

22　［C］The Board of the Hawaiian Evangelical Association, *The Friend* (April, 1892)。

23　［G］The Hawaiian Mission Children's Society Library 所蔵 'The letter from Okabe to Emerson.'（Nov. 30, 1891）で岡部がハワイ伝道会社に日本からの神学生招聘を提言している。。

24　［E3］外務省外交史料館史料公第三十六号「在布哇日本移住民の間に基督教誘導の始末」安藤太郎から青木周蔵宛、明治 21 年 7 月 1 日。

25　［I 2-1］大久保清編『ハワイ島日本人移民史』(1971 年）153-179 頁。

第二章　日本人社会の建設へ向けて

26　奥村多喜衛と 19 世紀末ハワイの日本人教育に関しては［I 2-2］中川芙佐「奥村多喜衛とハワイ日本人社会――九世紀末ハワイにおける奥村多喜衛の日本人教育」(2007 年）を参照。

27　奥村は日本人幼稚園設立年を明記していない。ハワイ日本人移民社会に生きた川添樫風は［I 2-1］『移民百年の年輪』(1968 年）37 頁で同園の開園を 1894 年と書いている。

28　日本人寄宿舎に関しては［B1］'A Brief History of Okumura Home' (1943)、および中川芙佐、前掲注 26 を参照。

29　［B1］マキキ聖城基督教会所蔵 Box 42-3。

30　［E3］「在布哇難民救済の為め日本人共済会設立の件」安藤太郎から

注

序

1 ［F1］*Report of the President of the Bureau of Immigration to the Legislative Assembly of 1886* (Daily Bulletin Steam Printing Office, 1886), p. 263, Table 3.

2 *Ibid.*, p. 220.

3 *Ibid.*, p. 71.

4 ［I 2-1］「廿日市市宮内村戸長役場一七年郡達『第一回移民募集の達』勧内第一二一四号」『広島県移住史』（1991 年）6 頁。

5 ［I 2-1］吉田久一『改定版日本貧困史』（1993 年）193 頁。

6 ［E3］「在布哇日本移住民事務年報第一」明治 24 年。

7 ［F1］*Report of the President of the Bureau of Immigration to the Legislative Assembly of 1886*（p. 230）のアーウィン報告。［D］『朝野新聞』明治 18 年 1 月 1 日では応募者 1300 人と書かれている。

8 ［E2］「公第三号中村治郎から吉田清成外務大輔への報告」明治 18 年 2 月 8 日。

9 ［I 2-2］土井彌太郎「山口県大島郡におけるハワイ移民史」『山口県大島郡綜合学術調査報告』（1957 年）。

10 ［E2］「鳥居書記生布哇国各耕地巡回報告」中村治郎から井上馨宛、明治 18 年 9 月 29 日。

11 ［E2］「明治十九年移住民死亡員数并比例表　附布哇移住民事務局医事衛生報告」安藤太郎から青木周蔵宛、明治 19 年 7 月 8 日。

12 ［D］『朝野新聞』明治 19 年 2 月 27 日「明治一八年からの海軍監獄滞在囚の食料に関する脚気予防実験」。

13 ［E2］「鳥居書記生布哇国各耕地巡回報告」。

14 ［E1］「在布哇国本邦随意渡航人より我領事館へ申出たる苦情其他出願書類綴込」。

15 ［F2］'Precis of Conversations between W. Gibson and Mr. Inouye H. I. J. M.s' Special Commissioner Embodying Certain Agreements. July 21st, 1885.'

16 ［E2］「第三回移住民航海中の状況」安藤太郎から青木周蔵宛、明治 19 年 2 月 13 日。

吉田亮「移民社会とキリスト教—美山貫一のハワイ日本人移民伝道」『キリスト教社会問題研究』31号（同志社大学人文科学研究所、1983年）
吉田亮「“会衆主義”とハワイ日本人社会—岡部次郎のハワイ日本人伝道」『キリスト教社会問題研究』34号（同志社大学人文科学研究所、1986年）
吉田亮「日本ミッション“支部”としてのハワイ伝道—O・Hギューリックとハワイ日本人伝道」『キリスト教社会問題研究』36号（同志社大学人文科学研究所、1988年）
吉田亮「キリスト教化とハワイ日系人のアメリカ化—奥村多喜衛と日系市民会議」『宗教研究』67巻(1)（宗教研究会、1993年）
Watanabe Shinichi, ‘Diplomatic Relations between the Hawaii Kingdom and the Empire of Japan,’ Thesis to the Graduate Division of the University of Hawaii for the Degree of Master of Arts, 1944

*

ビデオ「クアキニメディカルセンター」

［I2-2］論文、その他
赤松美和「一九二〇年代のフレンド平和奨学金制度（Friend Peace Scholarships）とハワイのアメリカ化」『キリスト教社会問題研究』49号（同志社大学人文科学研究所、2000年）
飯田耕二郎「移民の先駆者・星名謙一郎」『キリスト教社会問題研究』32号（同志社大学人文科学研究所、1984年）
飯田耕二郎「同志社出身の初期ハワイ伝道者の足跡」『キリスト教社会問題研究』34号（同志社大学人文科学研究所、1986年）
児玉正昭「明治後期のハワイ移民と移民会社に関する研究—領事報告から見たハワイ移民」（1987年、1988年度文部省科学研究費補助金〔一般研究（C）〕研究成果報告書　研究課題番号62510181、1991年3月）
児玉正昭「官約移民数についての一考察」『鈴鹿女子短期大学人文社会科学研究集報』第41集（鈴鹿女子短期大学、1994年）
島岡宏「初期ハワイ官約移民の窮状—契約不履行と井上勝之助特使派遣」『人文自然論叢』11号（大阪学院大学、1984年）
島田法子「奥村多喜衛と渋沢栄一——日米関係からみたハワイにおける排日予防啓発運動」『日本女子大学紀要』43号（日本女子大学、1993年）
土井彌太郎「山口県大島郡におけるハワイ移民史」『山口県大島郡綜合学術調査報告』（山口大学、1957年）
中川芙佐「奥村多喜衛と三大事件建白運動」『高知市立自由民権記念館紀要』12号（高知市立自由民権記念館、2004年）
中川芙佐「奥村多喜衛とハワイ日本人社会——一九世紀末ハワイにおける奥村多喜衛の日本人教育」『高知市立自由民権記念館紀要』15号（高知市立自由民権記念館、2007年）
中川芙佐「奥村多喜衛とハワイ日本人社会——一九世紀末ホノルル・ダウンタウンの日本人暗黒街掃蕩運動」『高知市立自由民権記念館紀要』16号（高知市立自由民権記念館、2008年）
中川芙佐「奥村多喜衛と日本帰国」『高知市立自由民権記念館紀要』17号（高知市立自由民権記念館、2009年）
中川ふさ「ハワイ政府移住民局日本人部の開設要因に関する歴史的研究」（高知県立高知女子大学大学院健康生活科学研究科学位論文、2006年）
吉田亮「ハワイアン・ボードの初期日本人移民伝道」『キリスト教社会問題研究』30号（同志社大学人文科学研究所、1982年）

山崎俊一『ハワイ出稼人名簿始末紀—日系移民の百年』日本放送出版協会、1985 年
山下草園『日本布哇交流史』大東出版社、1943 年
山中速人『ハワイ』岩波書店、1993 年
山中速人『エスニシティーと社会機関—ハワイ日系人医療の形成と展開』有斐閣、1998 年
吉田久一『改定版日本貧困史』川島書店、1993 年
吉田亮『アメリカ日本人移民とキリスト教会』日本図書センター、1995 年
横田睦子『渡米移民の教育—栞で読む日本人移民社会』大阪大学出版会、2003 年
鷲津尺魔『在米日本人史観』羅府新報、1930 年

*

Beechert, Edward D., *Working in Hawaii: A Labor History*, University of Hawaii, 1985
Conroy, Hilary, *The Japanese Frontier in Hawaii, 1868-1898*, University of California, 1953
Hazama, Dorothy Ochiai, and Komeiji, Jane Okamoto, *OKAGE SAMA DE: The Japanese in Hawaii*, Bess Press, 1986
Kuramoto, Mary Ishii, *Dendo*, Nuuanu Congregational Church, 1986
Lal, Brij V., Munro, Doug, and Beechert, Edward D. eds., *Plantation Workers*, University of Hawaii Press, 1993
Nakano, Jiro, *Kona Echo: A Biography of Dr. Harvey Saburo Hayashi*, Pacific Trade Group, 1990
Niiya, Brian ed., *Encyclopedia of Japanese American History*, Japanese American National Museum, 2001
Ogawa, Dennis M., *Jan Ken Po : The World of Hawaii's Japanese Americans*, The University Press of Hawaii, 1973
Ogawa, Dennis M., *Kodomo no tameni: The Japanese American Experience in Hawaii*, The University Press of Hawaii, 1978
Saiki, Patsy Sumie, *Japanese Women in Hawaii: The First 100 Years*, Kisaku Inc. 1985

ドウス昌代『日本の陰謀―ハワイ・オアフ島大ストライキの光と影』文芸春秋、1994年
トラットナー・ウォルター・I（古川孝順訳）『アメリカ社会福祉の歴史』川島書店、1979年
中島弓子『ハワイ・さまよえる楽園』東京書籍、1993年
『日系移民資料集』第1期、北米編・第4巻〈出稼・移住奨励論〉、日本図書センター、1991年
日本移民学会『移民研究年報』創刊号（1995年）、第2号（1996年）、第3号（1997年）、第4号（1998年）、第5号（1998年）、第6号（1999年）
日本国際連合協会『日本外交文書』第18巻（1950年）、第19巻（1952年）、第20巻（1947年）、第21巻（1949年）、第22巻（1951年）、第23巻（1952年）、第27巻（1953年）、第28巻第2冊（1953年）、第33巻（1953年）、第34巻（1954年）、第35巻（1954年）、第36巻第2冊（1954年）、第39巻第2冊（1956年）、第40巻第3冊（1961年）、第41巻第2冊（1961年）
『日本語学校勝訴十周年記念誌』ハワイ報知、1937年
芳賀武『ハワイ移民の証言』三一書房、1981年
ハロラン芙美子『ホノルルからの手紙』中央公論社、1995年
『布哇同胞発展回顧誌』日布時事、1921年
ハワイ日本人移民史刊行委員会編『ハワイ日本人移民史』布哇日系人連合会、1964年
『ハワイ報知創立七十五周年記念誌』ハワイ報知、1987年
広島県編『広島県移住史』第一法規出版、1991年
堀雅昭『ハワイに渡った海賊たち―周防大島の移民史』弦書房、2007年
牧野金三郎伝編纂委員会『牧野金三郎伝』牧野道枝、1965年
宮本一男『ハワイ二世物語』同朋協会、1968年
森田栄『布哇日本人發展史』真栄館、1915年
森田栄『布哇五十年史』真栄館、1919年
モリヤマ・T・アラン『日米移民史学―日本・ハワイ・アメリカ』PMC出版、1988年
矢口祐人『ハワイの歴史と文化』中央公論新社、2002年
柳田利夫編著『アメリカの日系人』同文館、1995年

王堂フランクリン、篠遠和子『図説ハワイ日本人史』ビショップ博物館、1985 年
沖田行司『ハワイ日系移民の教育史』ミネルヴァ書房、1997 年
沖田行司編『ハワイ日系社会の文化とその変容』ナカニシヤ出版、1998 年
沖本ダニエル（山岡清二訳）『日系二世に生まれて』サイマル出版会、1970 年
小沢義浄『ハワイ日本語学校教育史』ハワイ教育会、1972 年
勝沼富造『甘薯のしぼり滓』勝沼記念出版後援会、1924 年
川添樫風『移民百年の年輪』移民百年の年輪刊行会、1968 年
『官約移民五十年記念誌』日布時事、1935 年
菊池由紀『ハワイ日系二世の太平洋戦争』三一書房、1995 年
木原隆吉編著『布哇日本人史』文成社、1935 年
木村芳五郎、井上胤文、島貫兵太夫『布哇渡航案内・最近渡米策』ゆまに書房、2000 年
後藤明、松原好次、塩谷亨編著『ハワイ研究への招待』関西学院大学出版会、2004 年
渋澤雅英『太平洋にかける橋』読売新聞社、1970 年
島田法子『戦争と移民の社会史―ハワイ・アメリカ人の太平洋戦争』現代史料出版、2004 年
瀬谷正二『布哇国移住民始末』新井喜平、1893 年
相賀安太郎『五十年間のハワイ回顧』五十年間のハワイ回顧刊行会、1953 年
曽我部四郎『もう三千弗』丁未出版社、1926 年
高木真理子『日系アメリカ人の日本観』淡交社、1992 年
タサカ・ジャック・Y『ホレホレソング』日本地域社会研究所、1986 年
タカキ・ロナルド（富田虎男、白井洋子訳）『パウ・ハナ』刀水書房、1986 年
同志社大学人文科学研究所編『ハワイにおける日系人社会とキリスト教の変遷』同志社大学、1991 年
同志社大学人文科学研究所編『北米日本人キリスト教運動史』ＰＭＣ出版、1991 年

高知新聞社編集局『アメリカ高知県人』高知新聞社、1975 年
外崎光広『土佐の自由民権』高知市民図書館、1984 年
寺石正路『大脇順若翁伝』大脇順路、1930 年
寺石正路『土佐名家系譜』歴史図書社、1976 年
土佐教会創立一〇〇年史発行委員会『土佐教会一〇〇年史』日本基督教団土佐教会、1987 年
土佐自由民権研究会編『土佐自由民権運動日録』高知市文化振興事業団、1994 年
中川芙佐『土佐からハワイへ』奥村多喜衛とハワイ日系移民展実行委員会、2000 年
前田和男編『高知追手前高等学校資料集第一巻』高知県立高知追手前高等学校、1988 年
前田和男編『高知中学校日誌・明治十六年』高知県立高知追手前高等学校、1988 年
立志社創立百年記念出版委員会編『片岡健吉日記』高知市民図書館、1974 年

［I2］ハワイ関係

［I2-1］著書・紀要

アジア系アメリカ文学研究会編『アジア系アメリカ文学―記憶と創造』大阪教育図書、2001 年
『アロハ年鑑』ハワイ報知、1995 年
安藤太郎『安藤太郎文集』日本国民禁酒同盟、1928 年
イチオカ・ユウジ（富田虎男・白井洋子訳）『一世』刀水書房、1992 年
飯田耕二郎『ハワイ日系人の歴史地理』ナカニシヤ出版、2003 年
一番ヶ瀬康子『社会福祉の歴史研究』労働旬報社、1994 年
今泉源吉『先駆九十年―美山貫一と其時代』みくに社、1942 年
今村恵猛『布哇開教誌要』本派本願寺布哇開教教務所文書部、1918 年
入江寅次『邦人海外発展史』井田書店、1942 年
大久保清編『ハワイ島日本人移民史』ヒロタイムス、1971 年
大久保清『関東大震災とハワイ』ヒロタイムス、1980 年
大久保清『知らざれる日布交流史』ハワイ・カラカウア王顕彰委員会、1981 年

［F2］ハワイ政府所蔵書簡
Department of Foreign Affairs Aug. 8, 1885
1. Letter from H. I. J. M's Minister of Foreign Affairs, Count Inouye Kaoru to Mr. Gibson dated June 2nd. on matters connected with Japanese immigration and the projected Japanese trading Company
2. Count Inouye's reply to Mr. Irwin on the Subject of Investment of laborers' savings'
3. Letter from Mr. Irwin to Count Inouye as to mode of dealing with complaints and disputes'
4. Count Inouye's replay to the above
5. Precis of conversations between Mr. Gibson and Mr. Inouye H. I. J. M's Special Commissioner embodying certain agreements
6. Mr. Gibson's reply to Count Inouye's letter

［G］ハワイアンボード関係史資料
The Board of the Hawaiian Evangelical Association, *The Friend,* 1888–1905
The Hawaiian Mission Children's Society Library 所蔵 'The letter from Okabe to Emerson.'

［H］大久保史資料
大久保清（元ハワイ島日本人移民史料館館長）所蔵
「マキキ基督教会新築落成記念集会の案内チラシ」1906 年
「奥村多喜衛の「放送文案」」（1945 年 9 月 15 日放送）

［I］その他
［I1］高知関係
安芸愛山「土佐基督教史」『土佐史談』第 3 号、土佐史談会、1917 年
川田瑞穂『片岡健吉先生伝』立命館大学、1939 年
高知教会百年史編纂委員会『高知教会百年史』日本基督教団高知教会、1985 年
高知県立高知追手前高校百年史編集委員会編『高知追手前高校百年史』高知県立高知追手前高等学校校友会、1978 年

［E4］『布哇国ニ於ケル本邦移民関係雑件　第二巻』
「公第七七号移民条約に因り布哇政府於て雇職の監督人并医師解雇之儀上申の件」

［F］ハワイ州公文書館所蔵史資料
［F1］ハワイ政府移住民局報告
Report of the President of the Board of Immigration 1878-1880
Report of His Ex.W.N. Armstrong, His Hawaiian Majesty's Commissioner of Immigration, 1881
Board of Immigration Report, for Biennial Period Ending March 31st, 1882 to the Minister of the Interior, P. C. Advertiser Co. Steam Print, 1882
Report of the President of the Bureau of Immigration to the Legislative Assembly, 1884
Report of the President of the Bureau of Immigration to the Legislative Assembly of 1886, Daily Bulletin Steam Printing Office, 1886
Report of the President of the Bureau of Immigration to the Legislative Assembly of 1888, Gazette Publishing Company, 1888
Biennial Report of the President of the Board of Immigration to the Legislature of 1890, Robert Grieve, Steam Book and Job Printer, 1890
Report of the President of the Bureau of Immigration to the Legislature of 1892, The Hawaiian Gazette Company, 1892
Biennial Report of the President of the Bureau of Immigration, to the President and Members of the Executive and Advisory Councils of the Provisional Government of the Hawaiian Islands, 1894, Robert Grieve, Steam Book and Job Printer, 1894
Report of the President of the Bureau of Immigration for the Nine Months Ending Dec. 31, 1894, Robert Grieve, Steam Book and Job Printer, 1895
Report of Secretary of the Bureau of Immigration 1895
Report of the Bureau of Immigration for the Biennial Period Ending December 31, 1897, The Hawaiian Gazette Co. 1898
Report of the Bureau of Immigration for the Year Ending December 31, 1898, The Hawaiian Gazette Co. 1899
Report of the Secretary of the Board of Immigration, December 31st, 1899

答書類抜粋」
「中村領事第1回渡航人の内一名雇入に対する布哇移住民事務局受取書の写」
「ワイルク病院及びパイア、ハイク其他諸耕地に在る患者山城丸医員吉田氏の診察報告書」
「在布哇本邦随意渡航人の取扱方の義に関し布哇移住民事務局長より中村領事へ宛たる書翰写」
「本年四月布哇移住民事務局よりパイア耕地へ臨時派遣せし視察員ヲステン氏耕地報告書及ひ同耕地の持主より移住民事務局長の書翰写」
「ハワイ島リッドゲート商会耕地に於て明治十八年六月末頃雇主と我人民との間に紛議を生じ我人民裁判所へ拘引罰金に処せられたるに付井上該島巡回の際彼我の申出に拠り調査せし事実始末書」

[E2]『日本人民布哇国へ出稼一件（官契約）報告の部　第一巻　明治十八年―十九年』
「出稼人各地就業に関する状況　明治十八年」
「中山譲治耕地巡回報告　明治十八年」
「鳥居書記生布哇国各耕地巡回報告　明治十八年」
「第二回出稼人患者の形況　明治十九年」
「在布哇移住民現在人員調の件　明治十九年」
「布哇出稼人に関する報告の義に付安藤総領事へ訓令　明治十九年」
「第三回移住民航海中の状況　明治十九年」
「第三回移住民布哇着後の状況　明治十九年」
「移住民人別乱雑の件　自明治十九年　至二十年」
「安藤総領事「マウイ」「ハワイ」耕地巡回報告　明治十九年」
「安藤総領事耕地巡回の報告　明治十九年」
「ハワイ島移住民紛擾調停の始末　明治十九年」
「移住民死亡員数并比例表 明治十九年 附布哇移住民事務局医事衛生報告」

[E3]『日本人民布哇国へ出稼一件(官契約)第二巻 明治二十年―二十五年』
「在布哇日本移住民事務年報第一」明治 24 年

［B2］奥村多喜衛発行定期刊行物
『教報』1897年4月～1899年6月
『ひかり』1899年7月～1907年4月
『青年』1900年9月～1901年8月
『トモ』1907年10月～1916年12月
『愛友叢誌』1908年6月～1914年4月
『マキキ教報』1915年9月～1918年12月
『楽園時報』1919年1月～1939年8月
『信仰の友』1924年1月～1932年10月
『日系市民会議』報告書 1927～1929年
『聖城教報』1938年1月～1941年2月
『楽園叢誌』1939年12月～1940年7月
『楽園おち葉』1940年11月～1941年11月、1945年8月～1950年12月

［C］ハワイの新聞
『やまと』1895年
『やまと新聞』1896～1901年（1896年7月に『やまと』から改名）
The Friend（英語新聞。ハワイ伝道会社 The Board of the Hawaiian Evangelical Association 発行、1888～1905年）

［D］日本発行の新聞
『基督教新聞』1885（明治18）～1933（昭和8）年
『朝野新聞』1884（明治17）～1893（明治26）年
『土陽新聞』1884（明治17）～1888（明治21）年
『高知日報』1888（明治21）年
『大坂日報』1888（明治21）年
『東雲新聞』1888（明治21）年

［E］外務省外交史料館所蔵史資料
［E1］『日本人民布哇国へ出稼一件　外務権少書記官井上勝之助特別委員として布哇国へ渡航一件　明治十八年』
「在布哇国本邦随意渡航人より我領事館へ申出たる苦情其他出願書類綴込」
「在布哇本邦随意渡航人より申出の苦情に対し我領事館より差出したる回

［A］奥村多喜衛著作
『世界一周絵はがき通信』奥村多喜衛、1912 年
『布哇伝道三十年略史』奥村多喜衛、1917 年
『太平洋の楽園』奥村多喜衛、1917 年
『太平洋の楽園』（改訂版）、奥村多喜衛、1926 年
『恩寵記畧』奥村多喜衛、1933 年
『恩寵七十年』奥村多喜衛、1935 年
『回顧四十年』奥村多喜衛、1935 年
『布哇に於ける日米問題解決運動』奥村多喜衛、1935 年
『信仰五十年』奥村多喜衛、1938 年
『楽園おち葉　全三十一籠・復刻版』奥村多喜衛とハワイ日系移民展実行委員会、2001 年

［B］マキキ聖城基督教会所蔵史資料
［B1］奥村多喜衛・マキキ聖城基督教会史資料
『奥村多喜衛説教日記　1894 ～ 1897 年』
『奥村多喜衛アルバム』
奥村家『聖書』
奥村多喜衛書簡
大久保清作成『奥村牧師スクラップブック』

＊

「日本人慈善会史料」（1888 年 11 月 26 日「日本人共済会規則」他）
『日本人学生寄宿舎案内』奥村多喜衛、1907 年
『ホノルル府マキキ基督教会小歴史并に会員名簿』マキキ基督教会、1919 年
「雑婚調査表」1922 年
『日本語読本』第 1 ～ 11 巻、日本語教育協会、1931 年
マキキ聖城基督教会編『奥村牧師説教集』マキキ聖城基督教会、1954 年
『マキキ聖城基督教会五十年略史』マキキ聖城基督教会、1954 年
ハワイ日系団体から奥村多喜衛への感謝状「Certificate of Appreciation to The Late Takie Okumura」1963 年
『マキキ聖城基督教会七十年略史』マキキ聖城基督教会、1974 年
『マキキ聖城基督教会七十五年史』マキキ聖城基督教会、1979 年
『マキキ聖城基督教会百年の歴史』マキキ聖城基督教会、2004 年
『マキキ聖城基督教会創立百周年記念 DVD』マキキ聖城基督教会、2004 年

引用参考文献

奥村多喜衛の著作とそれ以外の史資料を以下のように分類し、本文および注の文献に分類記号を付した。

［A］奥村多喜衛著作
［B］マキキ聖城基督教会所蔵史資料
　［B1］奥村多喜衛・マキキ聖城基督教会史資料
　［B2］奥村多喜衛発行定期刊行物
［C］ハワイの新聞
［D］日本発行の新聞
［E］外務省外交史料館所蔵史資料
　［E1］『日本人民布哇国へ出稼一件　外務権少書記官井上勝之助特別委員として布哇国へ渡航一件　明治十八年』
　［E2］『日本人民布哇国へ出稼一件（官契約）報告の部　第一巻　明治十八年—十九年』
　［E3］『日本人民布哇国へ出稼一件（官契約）　第二巻　明治二十年—二十五年』
　［E4］『布哇国ニ於　ケル本邦移民関係雑件　第二巻』
［F］ハワイ州公文書館所蔵史資料
　［F1］ハワイ政府移住民局報告
　［F2］ハワイ政府所蔵書簡
［G］ハワイアンボード関係史料
［H］大久保史資料
［I］その他
　［I 1］高知関係
　［I 2］ハワイ関係
　　［I 2-1］著書・紀要
　　［I 2-2］論文、その他

		8月11日：シアトル着。バプテスト教会の婦人ホームに投宿。19日：サンフランシスコ着。バークレー泊。地域の教会で奉仕。24～26日：ロサンゼルス滞在。28日：サンフランシスコ出発、ホノルル着。 『楽園おち葉』第二十九篭から三十一篭まで発行。
1951 (昭和26)		1月：同志社大学から創立75年記念「新島会」委員就任の依頼状が届く。 2月10日：ホノルルのクイーンズ病院で永眠。 2月11日：マキキ聖城基督教会で教会葬。ホノルル、ヌアヌ墓地に眠る。
*	*	
1957 (昭和32)		マキキ聖城基督教会のリーダーシップが英語部に移る。
1963 (昭和38)		ハワイ日系11団体がアメリカ帰化への貢献に対して故奥村多喜衛に感謝状を授与。
1965 (昭和40)		1月：マキキ聖城基督教会付属「マキキプリスクール（幼稚園）」が開園。
1983 (昭和58)		マキキ聖城基督教会11代黒田朔牧師が、同教会の高齢者のための週2回「のぞみの会」を開始し、ボランティアが運営。
1990 (平成2)		奥村多喜衛の遺産で「奥村基金」が組織され、ハワイコミュニティー基金の傘下となる。
2013 (平成25)		奥村家と奥村ホーム跡地にHawaii Housing Development Corporation（NPO）が建てた低所得者と高齢者のためのアパートBirch Street Apts（竣工1999年）とWisteria Vista（同2000年）をPrudential Locations LLCが運営。

		9月4日：日本訪問の許可通知が届くが、健康上の理由で断念。14日：ハワイ日本人伝道60年記念。オアフ島諸教会連合大会で演説。21日：カワイ島諸教会連合大会で説教の後、カワイ島を巡回伝道。 10月24〜30日：ハワイ島巡回。オーラー、ヒロ、ハカラウ地方他を巡回。 11月末：マウイ島訪問。 『楽園おち葉』第十三籠から十六籠まで発行。
1948 （昭和23）	83歳	2〜3月：ハワイ島巡回。 5月29日：ホノルル出発（第5回渡米）。サンフランシスコ、ロサンゼルス、ニューヨーク、シカゴ、ソルトレーク、シアトルなどを回る。 6月12日：ニューヨークで三女芳枝と西尾正夫の結婚式に出席。 8月16日：サンフランシスコ出発、ホノルル着。 10月：ハワイ島巡回。 11月：マウイ島巡回。 『楽園おち葉』第十七籠から二十籠まで発行。
1949 （昭和24）	84歳	2月：マウイ島、ハワイ島巡回。 6月：ハワイ島巡回。 7月4日：ハワイ島ホノムの曽我部四郎牧師葬儀（7月3日没）に参加。 9月：カワイ島巡回。 『楽園おち葉』第二十二籠から二十八籠まで発行。
1950 （昭和25）	85歳	1月5日：高知県香美郡美良布町韮生「之善館美良布保育園」開園資金を送金。 6月6日〜8月28日：ホノルル空港出発（第6回渡米）。ロサンゼルス着。カリフォルニア各地の教会で奉仕。6月22日：フレズノ着。29日：ソルトレーク着。 7月5日：シカゴ着。地域の教会で奉仕。11日：ニューヨーク着。次女松尾次枝宅に滞在。14日：欧州より来着した賀川豊彦の歓迎会に出席。26日：ニューヨークのホテル「都」での、日本の知事視察団（大阪、兵庫、広島、長崎、長野、滋賀などの県知事）歓迎会に招待され、湯川秀樹博士夫妻（49年ノーベル物理学賞受賞）と会う。

		3月13日：伏見宮奨学金解散を決定。同会の資金全額をハワイ大学に寄付。同会運営の「東洋文庫」（ホノルル市図書館内）所蔵品をホノルル美術館とハワイ大学図書館へ寄付。 4月7日：ニューヨークのWORが'Alien in Name Only'を基にした番組を放送。 9月：奥村ホーム女子部がキング街の奥村ホーム隣に移転。 12月25日：心臓麻痺で瀕死状態となるも、やがて回復。米兵がマキキ聖城基督教会の礼拝に出席し、同教会を守る。
1945 （昭和20）	80歳	8月14日（ハワイ時間）：第2次世界大戦終結。 9月15日：米軍放送部から日本へ向けて日米融和のラジオ番組を放送。 10月：日米間の郵便再開により、日本の知人へ安否を尋ねるはがき84通を発送。 11月：神経痛療養のためワヒアワ（五男冬樹宅）に滞在。『楽園おち葉』を復刊し、第六籠から第八籠まで発行。
1946 （昭和21）	81歳	2月26日：ワヒアワからホノルルに帰着。 『楽園おち葉』第九籠から十二籠まで発行。 私書箱廃止。
1947 （昭和22）	82歳	2月27日：健康診断を受け、主治医から日本行き許可を得る。 3月4日：マッカーサーに日本視察の許可願いを提出。 4月29日：マッカーサーから日本行き不許可の返事が届く。 6月4日：パンナム航空機でホノルル出発（第4回渡米）。六男又樹同行。サンフランシスコで岡繁樹を訪問。5日：ニューヨーク着。その後世界伝道協会、ボストン米国伝道会社、ワシントン国務省を訪問し、日本訪問について相談。21日：ニューヨーク「都」で奥村の歓迎会。 7月7日：シカゴ着。市内5教会で奉仕。11～22日：ロサンゼルス滞在。土佐人会、同志社の同窓会などに出席。22～31日：サンフランシスコ滞在。31日：ユナイテッド航空機でホノルル着。

		7月18～23日：第12回日系市民会議。二世85人参加。 8月：『信仰五十年』を出版。
1939 （昭和14）	74歳	7月17～23日：第13回日系市民会議。二世62人参加。 12月：『楽園叢誌』を発刊。
1940 （昭和15）	75歳	3月：日本人慈善会から表彰される。 7月15～21日：第14回日系市民会議。二世99人参加。 9月1日：末弟奥村鶴松、日本で没。 11月：『楽園叢誌』を廃刊し、『楽園おち葉』を発刊。 日本政府叙勲辞退（4度目）。
1941 （昭和16）	76歳	春：基督教親善使節団の小崎道雄（同志社）、河井道子（恵泉女学園）、斉藤惣一（日本YMCA）、松山常次郎（国会議員）らを迎え、YMCAで晩餐会、マキキ聖城基督教会で講演会を開催。 7月14～19日：第15回日系市民会議。二世98人参加。 9月10日：ホノルル日本人牧師会が野村米国大使に日米平和の祈りの電報送信。 12月7日：日本軍がパールハーバーを襲撃。夜間の集会禁止。 12月：妻カツ、心臓を患う。 『楽園おち葉』第二籠から第五籠まで発行、以後休刊。
1942 （昭和17）	77歳	3月5日：妻カツ没。 6月：奥村ホームの大学生が米軍国防事業に参加。 10月：ハワイ日本（系）人全員の米国大陸移送の噂が流布。 11月2日：ハワイ政庁で米軍デロス・C・エモンス司令官、グリーン副官、ウェールズ大将に面会。全日本人の米国大陸移送問題の真偽を問う。会談終了後、オアフ島の日本人教会を基点とした連絡網を作り、人心安定のための活動を展開。5日：エモンス司令官の指示で『アドバタイザー』『スターブリテン』『ハワイタイムス』『ハワイ報知』がハワイ日本（系）人の大陸移送なしと発表。
1943 （昭和18）	78歳	1月：論文『日本語教育の将来』を発表し、ハワイ県知事、米軍司令官、県会議員などに送付。 2月：Kenneth B. Carry が 雑 誌 *Hawaii* に 'Alien in Name Only' のタイトルで奥村を称える論文を発表。

		12月：鶴見祐輔が来訪。
1933 （昭和8）	68歳	4～11月：日本語教科書中等用作成。 6月19～24日：第7回日系市民会議。二世65人参加。 7月11日：ホノルル発（第7回帰国）。妻カツと三女芳枝が同行。日本滞在中、東北、関東、近畿、中国、四国、九州地方、満州、朝鮮などを訪問。京城大学で講演。組合教会大会（京都）に出席。 8月7日：カツ、芳枝と共に高知に帰省。暫く滞在。 11月8日：ハワイ関係者が奥村の送別会を開催（日本貿易協会会館）。9日：横浜出発。16日：ホノルル着。 伏見宮奨学金運営委員会書記を辞し、同会副会長に就任。
1934 （昭和9）	69歳	3月：マキキ聖城基督教会のシャンデリアを日本に注文。 6月18～23日：第8回日系市民会議。二世68人参加。
1935 （昭和10）	70歳	2月17日：ホノルル日本総領事館植樹会で植樹委員長に就任。 5月：心臓病で倒れる（9月：病状回復）。 7月15～20日：第9回日系市民会議。二世79人参加。財政難のため報告書を廃止。 7月：賀川豊彦が来訪。 『布哇に於ける日米問題解決運動』『恩寵七十年』『回顧四十年』を出版。
1936 （昭和11）	71歳	7月13～18日：第10回日系市民会議。二世74人参加。 7月：マキキ聖城基督教会堂第二期工事着工。 11月：心臓病で倒れる（12月初旬：病状回復）。 12月20日：マキキ聖城基督教会大ホール完成。
1937 （昭和12）	72歳	3月20日：マキキ聖城基督教会での奥村夫妻の金婚式に500人が出席。 7月19～24日：第11回日系市民会議。二世86人参加。 10月31日：最後の洗礼式を行い、引退。名誉牧師に就任。『楽園時報』を廃刊。 伏見宮奨学金委員会副会長を辞し、名誉理事に就任。 パーシー・ノーエル著『日本が戦う時は』購買運動を展開し、米国人に日本理解のため同書を贈呈。
1938 （昭和13）	73歳	1月：マキキ聖城基督教会が『聖城教報』を発刊。 7月11日：三女芳枝、日本長期滞在を終えハワイに帰着。

		4月24日：五男冬樹、日本国籍離脱。 8月1～7日:第2回日系市民会議。二世40人参加。『布哇生まれ青年の前途職業問題解決』を出版し配布。
1929 (昭和4)	64歳	2月1日：第9年度「排日予防啓発運動」開始。ハワイ島（2月1～11日)、オアフ島（3月12日)、カワイ島（3月20～26日)、マウイ島（4月22～30日)、ハワイ島（7月12～18日)。 4月：マキキ教会25周年。新教会堂建築を検討。 7月29日～8月3日:第3回日系市民会議。二世50人参加。 8月24日～11月2日：米大陸視察調査旅行（ニューヨーク州、ワシントン州、オレゴン州他)、次女次枝同行。 9月：日本語学校教育協会を組織し、公立学校との連携で日本語学校教室（チェーンスクール）を開始。
1930 (昭和5)	65歳	2月13日：第10年度「排日予防啓発運動」開始。ハワイ島（2月13～20日)、カワイ島（3月19～25日)、マウイ島ラナイ島（5月15～22日)、ハワイ島（6月17～29日)、カワイ島（9月19～23日)、マウイ島（11月12～17日)。「排日予防啓発運動」終了。 5月28日:『基督教新聞』で「モロカイの聖者―ブラザー・ダットン逝く」を発表。 7月30日～8月5日:第4回日系市民会議。二世50人参加。ペンサコラ通りに新教会堂建築用地を購入。
1931 (昭和6)	66歳	2月20日：賀川豊彦が来訪。 4月：ハワイ島巡回。 5月：マウイ島巡回。 6月：ハワイ島巡回。 8月：カワイ島巡回。 7月13～18日：第5回日系市民会議。二世50人参加。 11月11日：渋沢栄一没。
1932 (昭和7)	67歳	5月14日：日本人慈善会養老院新築落成。 5月：五男冬樹、国籍離脱手続き代行を開始。 7月21～27日：第6回日系市民会議。二世48人参加。 10月：『信仰の友』終刊。 11月6日:マキキ教会新教会堂（天主閣と礼拝堂）落成。名称をマキキ聖城基督教会に改める。『聖城教報』を発刊。 13日：マキキ聖城基督教会で143人が受洗。

		8月1日：神戸発、室戸丸で高知へ出発。2日：高知着。土佐教会で「日米問題所見—排日問題、排日予防啓発運動報告」を講演。3日：『土陽新聞』のインタビューを受ける。以後2週間滞在し、室戸岬、田野町などを訪問。13日：高知発。大阪経由、九州方面に出発。 9月16日：組合教会教師会参加（江ノ島）。21日：渋沢栄一主催の奥村歓迎会（東京銀行集会所）で5年間の「排日予防啓発運動」を報告。 10月：若槻礼次郎内務大臣に面会し、二重国籍離脱手続きの簡素化を嘆願。幣原喜重郎外務大臣、浜口雄幸大蔵大臣、加藤高明総理に面会。20日：長女初枝、次女次枝、三女芳枝、八男末樹、日本国籍離脱。28日：加藤高明総理大臣に面会。29日：天洋丸で横浜出発。 11月7日：ホノルル着。
1926 （大正15、昭和元）	61歳	1月26日：第6年度「排日予防啓発運動」開始。カワイ島（1月26日～2月5日）、ハワイ島（3月20～31日）、マウイ島（5月11～20日）、カワイ島（8月12～16日）、ハワイ島（10月12～23日）、マウイ島（11月19～23日）、オアフ島（4月10日、9月19，25日、10月6日、11月13日）、ラナイ島（12月11～13日）。 6月6日：山室軍平が来訪。
1927 （昭和2）	62歳	1月27日：第7年度「排日予防啓発運動」開始。ハワイ島（1月27日～2月3日）、カワイ島（3月9～18日）、マウイ島（4月22～26日）、オアフ島（5月12日）、ハワイ島（6月27日～7月10日、8月16～22日）、マウイ島（12月19～22日）。 8月1～6日：第1回日系市民会議。二世14人参加。 9月7日～11月12日：米大陸視察調査旅行（ニューヨーク、シカゴ、ニューオーリンズ、サクラメント、ロサンゼルス、ユタ、テキサス、ニューメキシコ、アリゾナ）。
1928 （昭和3）	63歳	1月25日：第8年度「排日予防啓発運動」開始。カワイ島（1月25～31日、2月22～28日）、ハワイ島（3月20～29日）、オアフ島（4月4，5日）、ハワイ島（4月23～29日）、マウイ島（6月15～26日）、ハワイ島（8月13～23日）、カワイ島（11月21～27日）。

1922 (大正 11)	57 歳	2 月 7 日:第 2 年度「排日予防啓発運動」開始。カワイ島(2 月 7 日～ 3 月 14 日)、オアフ島 (4 月 1, 13 日)、マウイ島 (4 月 18 日～ 5 月 20 日)、オアフ島 (5 月 31 日～ 6 月 23 日)、ハワイ島 (7 月 14 ～ 23 日、8 月 10 ～ 16 日)、オアフ島 (8 月 5, 19 日、9 月 20, 22, 29 日)、カワイ島 (10 月 10 ～ 15 日)。オアフ島 (11 月 3 ～ 24 日)。 4 月:ハワイ全土で日本人の国際結婚 (雑婚) 調査を実施。 10 月 1 日:祖母奥村保、高知で没。
1923 (大正 12)	58 歳	2 月:第 3 年度「排日予防啓発運動」開始。マウイ島、オアフ島、ハワイ島、カワイ島の 4 島 (2 ～ 9 月)、マウイ島 (10 月)、ハワイ島 (11 月)、オアフ島 (12 月)。 7 月:奥村ホームを新築。 12 月:伏見宮奨学金がハワイ政府承認財団となり、運営委員に就任。
1924 (大正 13)	59 歳	1 月:マキキ教会で『信仰の友』を発刊。 2 月 18 日:第 4 年度「排日予防啓発運動」開始。カワイ島 (2 月)、マウイ島 (4 月)、ハワイ島 (6 月)、オアフ島 (7 月)、カワイ島 (8 月)、オアフ島、ハワイ島 (9 月ー 10 月)、マウイ島 (11 月)。帰農論を提唱。 7 月:排日移民法により日本からの移民は全面禁止。 9 月:愛友会婦人部がパワー地区で幼稚園を開園。 12 月 6 日:賀川豊彦ハワイ寄港。当山哲夫宅での賀川豊彦の歓迎会に山崎馨一総領事、原田助、相賀安太郎、基督教牧師らと出席。ハワイ島のストライキに関して賀川と意見の衝突。7 日:ストライキ参加阻止のためハワイ島訪問。
1925 (大正 14)	60 歳	2 月 2 日:第 5 年度「排日予防啓発運動」開始。カワイ島 (2 月 2 ～ 22 日)、ハワイ島 (2 月 23 日～ 3 月 8 日、4 月 20 ～ 30 日)、マウイ島 (5 月 18 ～ 26 日)、オアフ島 (各島巡回の合間に巡回)。 4 月 9 日:六男又樹、日本国籍離脱。 4 月:マキキ教会山岡重城副牧師帰国。 6 月 29 日:大洋丸でホノルル出発 (第 6 回帰国)。妻カツ同行。 7 月 9 日:横浜着。日本滞在中、関西、仙台、山形、新潟、金沢、中国、四国、九州、関東地方を訪問。15 日:京都着。

		9月：奥村ホーム女子部をキナウ街に開設。
1920 （大正9）	55歳	1月：第2回オアフ島ストライキ勃発。 7月14日：サイベリア号でホノルル出発（第5回帰国）。24日：横浜着。日本滞在中、東北、関西、四国訪問。 8月3日：東京銀行集会所で日米関係委員に排日予防運動について講演。10日：原敬総理に面会し、国籍離脱法改正を求める。11日：内田康哉外務大臣に面会。 10月5～14日：東京丸の内での第8回世界日曜学校大会に出席。22日：初枝、次枝、同志社女学校退学。23～28日：高知に帰省。26日：土佐教会で「日米問題解決論」を講演。 11月3日：東京着。4日：渋沢栄一、藤山雷太が奥村の送別会を主催。8日：天洋丸で横浜出発。17日：ホノルル着。 12月1日：日本政府国籍法改正。国籍離脱時の年齢が撤廃される。 ホノルル市民教育委員会（ヌアヌYMCA内）が『楽園時報』掲載の奥村論文「在布哇日本人発展に関する根本問題」を出版。 ハワイ大学日系学生のための伏見宮奨学金（年300ドル）を開始。
1921 （大正10）	56歳	1月5日：甥の山岡重城が来布し、マキキ教会副牧師に就任。27日：第1年度前半「排日予防啓発運動」開始。カワイ島（1月27日～2月5日）、ハワイ島（3月9～19日）、マウイ島（4月20～29日）、オアフ島（5～6月）、ハワイ島（7月9～29日）。 4月：奥村ホーム創立25周年記念事業として運動場購入。 8月18日：第1年度後半「排日予防啓発運動」開始。カワイ島（8月18～27日）、オアフ島（9月）、マウイ島（10月5～12日、11月7～12日）、ハワイ島（11月26日～12月9日）。 10月：V.S.マックラティーが汎太平洋新聞大会（ホノルル市）に参加し排日論を展開。

		10月1日：渋沢栄一主催の午餐会で演説。渋沢栄一、金子堅太郎、阪谷芳郎、森村市左衛門、大倉喜八郎、島田三郎、姉崎正治、添田寿一、頭本元貞、ドレマス・スカダなどが出席。 10月：寺内正毅総理、本野一郎外務大臣、後藤新平内務大臣に面会し、ハワイ日本人社会について説明。 11月1日：東京銀行会議所で渋沢栄一、中野武営、金子堅太郎らに面会。3日：渋沢栄一にハワイの実業家フランク・アサトンを紹介。渋沢がアサトンの歓迎会を開催。アサトンがヌアヌ YMCA 会館建築のための寄付を日本の財界人に依頼。13日：渋沢代理人の堀越善重郎と共に、日本銀行、正金銀行、東洋汽船、大倉組、服部金太郎などを訪問し、ヌアヌ YMCA 会館建築の寄付を依頼。14日：日本郵船、日本興業銀行、大倉組を訪問し、ヌアヌ YMCA 会館建築の寄付を依頼。31日：日米協会主催のモーリス米大使歓迎晩餐会に出席。11月末：発熱。病状悪化。渋沢、堀越に募金運動を委託。 12月3日：春洋丸で横浜出発。12日：ホノルル着。 『太平洋の楽園』『布哇伝道三十年畧史』を出版。 渋沢栄一からヌアヌ YMCA 会館新築のための寄付金2万5000ドルを受領。
1918 （大正7）	53歳	2月13日～3月3日：第一次世界大戦の戦時貯蓄債権応募勧誘運動のためにハワイ島巡回。 9月19日：諸井六郎総領事の発案で発足した木曜午餐会（第二次世界大戦中休会）に入会。 11月：ホノルル滞在中の久原房之助に奨学金への出資を依頼。 12月：マキキ教会堂（キナウ）の老朽化で修繕対策を検討。 マキキ教会で英語説教開始。 奥村ホームを新築。 日本人慈善病院が新築移転。
1919 （大正8）	54歳	1月：『マキキ教報』を『楽園時報』に改題し、排日予防啓発運動のため毎月発行。 8月：汎太平洋教育大会。渋沢栄一から「日米親善をハワイから始めよう」との手紙を受信。 久原奨学金を開始（1923年に伏見宮奨学金に統合）。

		8月22日：門司着（第3回帰国）。 9月29日：土佐教会で「欧米漫遊所感」を講演。 10月19日：横浜出発。日本滞在中に『世界一周絵はがき通信』を出版し、ハワイに持ち帰る。26日：ホノルル着。 ホノルル日本人YMCAがホノルル市YMCAと合併し、ダウンタウン・スミス街のビルの二階に移転。
1914 （大正3）	49歳	4月：マキキ教会自主独立（教会員502人）。教会向かいの土地を購入し、愛友会館を建築。
1915 （大正4）	50歳	1月：マキキ幼稚園開園。 2月：中央学務委員会発足。有田八郎総領事と共に日本語学校方針転換実施運動を開始し、日本語教科書編成案を発表。全島教員会総会開催。 5月21日：胃癌となり、2ヶ月間マウイ島ワイルクの神田重英宅で療養。 5月：『トモ』をホノルル牧師会に移譲。 9月：『愛友叢誌』を『マキキ教報』と改題し、編集を担当。
1916 （大正5）	51歳	8月：芳賀矢一を迎え、中央学務委員会（芳賀矢一、マッキンレー高校スコット校長、諸井六郎総領事、本派本願寺今村恵猛、本派本願寺中学校丹生実栄校長、浄土宗伊藤円定監督、奥村多喜衛）が日本語学校教科書8巻を編纂。 9月30日：四男敏樹、神奈川県茅ヶ崎にて没。 YMCA日本人部が中国人部、フィリピン人部と統合し、東洋人部へ昇格決定。
1917 （大正6）	52歳	3月12日：『日布時事』に日本語学校に関する意見を発表。 8月28日：ヌアヌYMCA会館建築費の募金活動のためコレア丸でホノルル出発（第4回帰国）。長女初枝、次女次枝が同行。 9月8日：横浜着。9日：受洗30周年。富士見町（旧一番町）教会の聖日礼拝に出席。 9月12日：上洛。初枝、次枝が同志社女学校普通部入学（在籍1917年9月11日～1920年10月22日）。15日：東京で安藤太郎記念教会堂献堂式に出席。25日：ドレマス・スカダ博士と共に飛鳥山の渋沢栄一を訪問。ホノルル市のYMCA（ヌアヌYMCA）会館建築のための寄付を依頼。

		10～11月：高知に帰省。 11月18日：七男大樹、ハワイにて没。 12月11日：ホノルル着。 奥村ホームがベレタニア街とアラパイ街のエマーソン旧宅（水揚げポンプ向かい側）に移転。
1907 （明治40）	42歳	2月：奥村ホームがベレタニア街ハイド博士旧宅に移転。 7月：伏見宮貞愛親王来布、下賜金で伏見宮記念奨学会委員組織し、会計に就任。 10月：『ひかり』を『トモ』と改題。 11月27日：三女芳枝誕生。
1908 （明治41）	43歳	6月19日：マキキ教会青年会が『愛友叢誌』を発刊。 8月5日：三男尚樹、明石にて没。
1909 （明治42）	44歳	5月30日：按手礼を受ける。 5月：オアフ島大ストライキ勃発、80日間続く。 6月：牧野金三郎、根来源之、田阪養吉、相賀安太郎がストライキ煽動で有罪判決。 9月：フランク・デーモン経営のミルズスクール中国（系）60人と奥村ホーム日本（系）40人の生徒によってミッドパシフィック学院が開校。 12月31日：次男春樹、日本にて没。
1910 （明治43）	45歳	3月20日：1909年ストライキの有罪判決を受けた牧野金三郎、根来源之、田阪養吉、相賀安太郎が上告棄却、オアフ刑務所に入獄。奥村とジョセフ・クック耕主組合長の嘆願により知事代理モットスミスが特赦を出し、4人を釈放。 奥村ホームと奥村家がキング街のウィリアム・キャッスル宅へ移転。
1911 （明治44）	46歳	2月9日：八男末樹誕生。 6月：池田スミ伝道師（後の奥村ガールズホーム主事）来布。 10月：『フレンド』平和奨学金奨学生5人を日本から迎える。
1912 （大正元）	47歳	1月18日：マキキ教会での奥村夫妻の銀婚式に約400人が出席。 4月10日：世界一周旅行に出発（米国大陸横断、欧州、エジプト、イスラエル、インド、中国、朝鮮、日本）。

1901 (明治 34)	36 歳	6 月：ホノルル日本人基督教会婦人会が独身女性のための寄宿舎婦人ホームを新設。 9 月：日本人慈善会副会長を辞任。 12 月：奥村ホームがククイ町に 60 人収容の 2 階建て宿舎を新築し移転。同ホームで野球チーム JBS を結成。 ホノルル大火後、日本人幼稚園の園児を外国人園児と共に保育し、教育上の成果を上げる。
1902 (明治 35)	37 歳	5 月 4 日：長女初枝、次女次枝誕生。 8 月：日本人慈善病院移転開院。 10 月末：ホノルル日本人基督教会を辞職し、前田亀太郎を助手にマキキ地区開拓伝道に着手。
1903 (明治 36)	38 歳	2 月 8 日：マキキ講義所で礼拝開始。 7 月 25 日：マキキ講義所内に相互扶助機関「愛友会」を組織。英語夜学校開校。 7 月：マキキ講義所がキナウ街木割キャンプ近所の借家（80 人収容）に移転。 9 月 6 日：マキキ講義所で 10 人が受洗。 9 月：奥村ホームがハワイ伝道会社の旧神学校（パンチボール街、ベレタニア街とホテル街の中間地点、150 人収容）に移転。 妻カツ一女を死産。
1904 (明治 37)	39 歳	4 月 6 日：六男又樹誕生。8 日：24 人でマキキ教会を組織。
1905 (明治 38)	40 歳	4 月 8 日：マキキ教会創立 1 周年。教会員 53 人、愛友会 98 人（うち教会外 60 人）、夜学校外国人教師 3 人、日本人教師 2 人、生徒 52 人、日曜学校本校教師 5 人、生徒 74 人、モイリリ分校教師 2 人、生徒 44 人。 8 月：マキキ教会がジョージ・キャッスルの支援でキナウ街ペンサコラ通り角地を購入。 11 月 22 日：七男大樹誕生。
1906 (明治 39)	41 歳	4 月 22 日：マキキ教会員 111 人。キナウ街ペンサコラ通り角地にマキキ教会教会堂（400 人収容）着工。 8 月：マキキ教会教会堂落成。 9 月初：マキキ教会新会堂で礼拝開始。 9 月 20 日：第 2 回帰国。三男尚樹が明石湊病院に入院。

1899 (明治 32)	34 歳	1 月：奥村ホーム拡張委員会を J.B. アサトン、P.C. ジョーンズ、F.W. デーモン、O.H. ギューリック、奥村多喜衛で組織。 2 月 11 日：ホノルル日本人学校が新校舎に移転、布哇中央学院となる。学務常置委員会に運営を任せ、学校経営を離れる。旧校舎を夜間職業学校に使用。 5 月 26 日：日本人慈善会副会長に就任。29 日：マキキ講義所開所。 6 月 1 日：日本人慈善会の規則を改正。今西兼二、毛利伊賀、勝沼富造、奥村多喜衛が慈善会日本人病院設立委員に就任。 7 月 11 日：『教報』を『ひかり』と改題。 10 月 28 日：小林病院で五男冬樹誕生（双子の一女は死亡）。 11 月 4 日：『基督教新聞』でハワイ日本人社会事情を紹介。30 日：日本人慈善会がハワイ政府認可団体に昇格。 12 月 12 日：ホノルルチャイナタウンでペストが発生し、検疫員を務める。
1900 (明治 33)	35 歳	1 月 20 日：ホノルル市がペスト感染防止のためダウンタウンを焼き払い、大火災となる。罹災者への救済活動を日本人慈善会、ハワイ医会、臨時共済会が協力し開始。奥村ホーム、岸本旅館で炊き出し。暗黒組織の調査と一掃運動を開始。 3 月 17 日：日本人慈善会が付属病院設立を決定。 4 月 10 日：日本人慈善病院設立主意書を発表。義捐金 5600 ドルで土地購入。 5 月 4 日：ホノルル日本人基督教青年会（YMCA）発会式。7 日：暗黒街組織が機関紙『新日本』で奥村の攻撃を開始。 6 月：ハワイが米国属領となる。 7 月 15 日：日本人慈善病院落成式。毛利伊賀が初代院長に就任。 8 月 5 日：母奥村敏、高知市にて没。 9 月 5 日：日本人青年会（YMCA）機関紙『青年』を発刊。 12 月：『ほのるる新聞』を発刊し、紙面で日本人暗黒組織を攻撃。

		5月：ライシアムホール（ホノルル日本人基督教会堂）買収のため8000ドルの寄付を集める。 7月：ホノルル日本人基督教会付属職業所を開設。 8月：9歳の男児を牧師館に預かる。 9月：ホノルル日本人基督教会堂内に日本人書籍館を設置。 10月10日：家族呼び寄せのため英国船マンモスシェアー号でホノルル出発。第1回帰国。24日：横浜着。 10～11月：母と祖母を高知に連れ帰る。土佐教会の牧野虎次牧師（後のマキキ聖城基督教会牧師）と会う。 11月24日：妻子と共に横浜出発。 12月3日：ホノルル帰着。千人小屋宿泊。10日：ホノルル上陸。 12月：日本人小学校がククイ町の貸家に移転。
1897 （明治30）	32歳	1月11日：弟大脇克信、高知にて没。 3月1日：ホノルルに上陸拒否となった移民船佐倉丸乗船者救援金募集世話人となる。 4月20日：日本人寄宿舎（奥村ホーム）を開設。 4月：ホノルル日本人基督教会内で『教報』を発刊。 5月1日：ホノルル日本人基督教会内で在留日本婦人大会開催。出席者約230人。16日：ハワイ日本人禁酒会を再興し、会長に就任。 5月：ホノルル日本人基督教会内に在留日本人を対象とした救済組織「相愛会」を発足。 6月6日：ホノルル日本人基督教会を改修し、献堂式挙行。8日：日本人書籍館を新築し、開館。14日：ハワイ禁酒会会長を辞任。 6月：ホノルル日本人基督教会付属料理学校が職業学校に昇格。男子は料理、女子は裁縫、編み物を学習。裁縫機購入。 10月2日：四男敏樹誕生。
1898 （明治31）	33歳	3月：小村寿太郎外務次官が海外子女教育事業としてホノルル日本人小学校を奨励。文部省が同校に教育勅語、教科書、備品200点を贈呈。 5月：ホノルル日本人学校新築委員会を組織し、寄付金募集開始。 7月：1900年からの米布合併が決定。

		9月9日：大阪教会で宮川経輝牧師より妻カツ、母敏とともに受洗。家伝の宝物を処分。断酒。 『東雲新聞』発行中の中江兆民と往来。
1889 (明治22)	24歳	福音社（今村謙吉経営）発行の大阪青年会機関紙『青年』編集を手伝う。
1890 (明治23)	25歳	1月：伝道者への道を決意。 2月12日：次男春樹誕生。 9月：給費生として同志社神学校入学。単身京都に移住。
1891 (明治24)	26歳	滋賀県草津教会で週末の牧会実習を開始。京都市四条(現京都）教会で「鶴鳴会」を組織。夏季伝道を担当。 ジョン・ギューリック師から奨学金を受け始める。
1892 (明治25)	27歳	春：岡部次郎牧師の同志社での講演を聞く。 9月12日：三男尚樹誕生。
1894 (明治27)	29歳	6月：同志社神学校卒業。 8月14日：ベルヂック号で横浜出発。27日朝：ホノルル着。千人小屋に宿泊。31日：ホノルル上陸。 9月2日：ホノルル日本人基督教会で初説教。 9月：エワ耕地で週2回の伝道と夜学校での授業を開始。 10月：ホノルル日本人基督教会（教会員93人）副牧師に就任し、教会規則、信仰箇条を起草。 クイーンエマホール内に日本人幼稚園を開園。
1895 (明治28)	30歳	1月6日：ハワイ革命勃発。 7月15日：岡部次郎牧師の欧米遊学に伴い、ホノルル日本人基督教会の主任牧師となる。 8～9月：ホノルルでコレラ発生。衛生監査官となる。 8～10月：日本の『基督教新聞』にハワイ日本人社会事情を紹介。 11月26日：ハワイ島から桑原秀雄が来訪。 12月19日：日本人慈善会年次大会で演説。
1896 (明治29)	31歳	1月30, 31日：『アドバタイザー』紙がホノルルダウンタウンの日本人暗黒街を非難する社説を掲載。以後、セオドー・リチャーズのダウンタウン売春街移転運動に参加し、暗黒組織撲滅運動に着手。 4月6日：クイーンエマホール内でホノルル日本人小学校を開校。

奥村多喜衛年譜

月が不明確事項は年の最後に、日が不明の場合は月の最後に掲載した。奥村自身の活動には主語を省略した。

年	年齢	記事
1865 (慶応元)		4月18日：土佐藩士奥村又十郎の長男として現・高知県安芸郡田野町の安芸奉行所役宅で誕生。
1868 (明治元)	3歳	3月21日：小川勝（カツ）大阪で誕生。
1879 (明治12)	14歳	5月：高知中学校入学。
1883 (明治16)	18歳	1月11日：高知県令代理が高知中学校民権派教職員を解任。15, 17日：高知中学校全学生が民権派教職員免職事件に関する集会を高知城咸臨閣で開く。24日：高知中学校在学生約30人が教職員免職に抗議して退学。 2月26日：30日の無断欠席により高知中学校を除籍となる。
1884 (明治17)	19歳	9月11日：父奥村又十郎没。 11月：高知市堀詰座でフルベッキ、タムソン、吉岡弘毅の基督教講演を聞き、フルベッキを旅館に訪問。
1885 (明治18)	20歳	夏：上阪、大阪府警に書記として就職。 秋：大阪市西区江之子島米穀商小川三四郎没。
1887 (明治20)	22歳	1月15日：小川三四郎娘カツと結婚。祖母、母と末弟鶴松を高知から呼び寄せる。 秋：三大事件建白運動参画で上京。片岡健吉の勧めにより、一番町教会（富士見町教会の前身）で植村正久牧師の説教を聴く。島田三郎、尾崎行雄、西森拙三らと接す。 12月26日：保安条例公布で東京外三里追放となる。
1888 (明治21)	23歳	1月17日：長男梅太郎誕生。26日：石川島監獄で片岡健吉に面会。28日：保安条例改正に関する建白書を東京府庁へ出願。 2、3月頃：帰阪。

●著者紹介
中川芙佐（なかがわ・ふさ）

1953年高知市生まれ。

同志社女子大学学芸学部卒、高知県立大学大学院などで学ぶ。米文学・アジア系アメリカ文学研究を経てハワイ日系人史研究に入る。社会福祉学博士。高知大学非常勤講師。

奥村多喜衛の精神と活動を継承する「奥村多喜衛協会」会長。

女性教育者の国際組織「デルタ・カッパ・ガンマ・ソサエティー・インターナショナル」（創立1929年、本部米国テキサス州）の初代日本代表。

●編者紹介
津曲裕次（つまがり・ゆうじ）　1936年生まれ。長崎純心大学大学院教授。筑波大学名誉教授、高知女子大学名誉教授。専攻は知的障害者施設史。

一番ヶ瀬康子（いちばんがせ・やすこ）　1927年生まれ。日本女子大学名誉教授。専攻は高齢者・児童・障害者福祉など社会福祉全般。2012年没。

シリーズ　福祉に生きる　65
奥《おく》村《むら》多《た》喜《き》衛《え》
定価（本体二、〇〇〇円＋税）
二〇一三年一二月一五日発行
著者　中川芙佐
編者　津曲裕次
　　　一番ヶ瀬康子
発行者　相川仁童
発行所　大空社
東京都北区中十条四－三－二
電話　〇三（六四五四）三四〇〇
郵便番号　一一四－〇〇三二
http://www.ozorasha.co.jp

落丁乱丁の場合はお取り替えいたします

ISBN978-4-283-00599-0 C0023 ¥2000E

シリーズ　福祉に生きる

◇収録一覧◇

24 長谷川良信……………長谷川匡俊 著
25 山谷源次郎…………平中忠信 著
26 安達憲忠……………佐々木恭子 著
27 池上雪枝……………今波はじめ 著
28 大江　卓……………鹿嶋海馬 著
29 生江孝之……………小笠原宏樹 著
30 矢嶋楫子……………今波はじめ 著
31 山室機恵子…………春山みつ子 著
32 山室軍平……………鹿嶋海馬 著
33 林　歌子……………佐々木恭子 著
34 奥　むめお…………中村紀伊 著
35 エベレット・トムソン／
ローレンス・トムソン
……阿部志郎／岸川洋治 著
36 荒崎良道……………荒崎良徳 著

37 瓜生イワ……………菊池義昭 著
38 中村幸太郎…………桑原洋子 著
39 久布白落實…………高橋喜久江 著
40 三田谷　啓…………駒松仁子 著
41 保良せき……………相澤譲治 著
42 小池九一……………平中忠信 著
43 大石スク……………坂本道子 著
44 宋　慶齢……………沈　潔 著
45 田中　豊／田中寿美子
……川村邦彦／石井　司 著
46 萬田五郎……………清宮烋子 著
47 吉見静江……………瀬川和雄 著
48 川田貞治郎…………吉川かおり 著
49 石井筆子……………津曲裕次 著
50 大坂鷹司……………小松　啓／本田久市 著